François Brune

Das Geheimnis des Pater Ernetti

Die Zeitmaschine im Vatikan

Hesper-Verlag

Covergestaltung und Satz: Patrick Horn, www.horn-mueller.de
Übersetzung: Sabine Glocker/Ernst Senkowski
Lektorat: Eva Thielen

Kontakt: www.hesper-verlag.de

Erste Auflage 2010
Hesper-Verlag, Saarbrücken
Originaltitel: Le chronoviseur – Machine à explorer le passé

ISBN: 978-3-9813262-2-2

Inhaltsverzeichnis

Vorwort von Prof. Dr. Ernst Senkowski

Ich folge gern der Bitte des Autors, ein Vorwort zur deutschen Übersetzung seines jüngsten Werkes zu schreiben. Wir sind seit vielen Jahren durch unsere gemeinsamen Interessen freundschaftlich verbunden, insbesondere, weil Père François Brune sich neben seinen aufwendigen Recherchen in Sachen »Chronovisor« in vielen Vorträgen auf internationaler Ebene auch für die Verbreitung des Wissens um die »Instrumentelle Transkommunikation« eingesetzt hat. Diese ist dadurch charakterisiert, dass in elektronischen Anordnungen außergewöhnliche Stimmen, Bilder und Texte erscheinen, die verstorbenen Menschen zugeordnet werden können.

Im Rahmen meiner Bemühungen auf diesem Gebiet wurde ich in Italien natürlich auch mit dem Thema »Chronovisor« konfrontiert und erfuhr so auch von der magnetofonischen Aufzeichnung der Stimme des verstorbenen Vaters von Pater Agostino Gemelli, der 1952 mit Pater Pellegrino Ernetti im Physiklabor der katholischen Universität in Mailand an der Analyse gregorianischer Musik arbeitete.

Erstmalig begegnete ich dem Benediktiner Pater Ernetti (1925 - 1994) nach seinem Vortrag in Riva del Garda 1986 und lernte ihn ein Jahr später in einem längeren Gespräch in Venedig näher kennen. In beiden Fällen hatte ich den Eindruck einer hervorragenden vertrauenswürdigen Persönlichkeit, die allerdings mit ihren Aussagen über die »Macchina del Tempo« sehr zurückhaltend war, sodass ich mich mit den unvollständigen Erklärungen und Angaben begnügen musste, die bereits in die Öffentlichkeit gelangt waren.

Die kontroversen Diskussionen rankten sich im Wesentlichen um die Behauptung, ein Team von Wissenschaftlern habe auf Anregung von Pater Ernetti ein Gerät entwickelt, mit dessen Hilfe es möglich war, gezielt ausgewählte vergangene Ereignisse in Bild und Ton wahrzunehmen. Nach erfolgreichen Ergebnissen sei das Gerät zerlegt und möglicherweise im Vatikan unzugänglich deponiert worden.

Nach allem kann man bezüglich der Wirklichkeit des Chronovisors einen indirekten positiven Schluss ziehen: Warum sollte der Vatikan Pater Ernetti vielfach unterdrückt haben, wenn das Ganze nichts als ein »verrückter Traum« war? Auch ein anderes Detail weist in diese Richtung: In den Berichten findet sich der Hinweis auf ein Treffen mit hohen Würdenträgern des Vatikans und Vertretern des italienischen Staates, in dem ein Film mit den Ergebnissen des Chronovisors vorgeführt worden sein soll.

Zur Zeit meiner Begegnungen mit Pater Ernetti (1986/1987) wusste ich nicht, dass Père François Brune ihn bereits 1964 durch einen seltsamen »Zufall« getroffen und als einen »Bruder im Geiste« erkannt hatte. Danach versuchte er in jahrzehntelangen aufwendigen Recherchen anhand der Aussagen von Zeitzeugen, Licht in das geheimnisvolle Dunkel zu bringen, das die Angelegenheit verhüllte. Er veröffentlichte seine Erfahrungen 2002 unter dem Titel »Le nouveau mystère du Vatikan« (»Das neue Geheimnis des Vatikans«) und sah sich zwei Jahre später veranlasst, die nun ins Deutsche übersetzte, neu gestaltete Auflage herauszubringen.

In dem vorliegenden Buch handelt es sich um einen sehr persönlichen kritischen »Reisebericht«, um eine spannende Kriminalstory, eine akribische Schilderung der Begegnungen mit möglichen Informanten, die sich vielfach als unfruchtbar erwiesen, aber immer wieder Wege zu neuen Indizien und Mosaiksteinchen öffneten, die schließlich die Bildung eines, wenn auch unvollständigen, Musters erlaubten. Der christlich religiöse Rahmen wird durch eindrucksvolle Beispiele medialer Phänomene ins Spirituelle ausgeweitet. In Anbetracht der ungelösten Menschheitsfrage nach der Bedeutung der Zeit erscheinen schließlich auch philosophische Überlegungen als unerlässlich.

Naturgemäß hat unser Autor Pater Ernettis »wissenschaftliche« Vorstellungen und Äußerungen übernehmen müssen, die in den Augen der offiziellen Physik völlig unzureichend sind, auch wenn einige physikalisch klingende Begriffe benutzt werden. Das gilt für die zugrunde gelegten Modelle ebenso wie für die Beschreibung der Struktur des Gerätes und seine unglücklichen Benennungen: Es handelt sich keineswegs um ein Gerät, das »die Zeit sieht«, und es ist auch keine »Zeitmaschine«, mit der man in die Vergangenheit reist, um seinen eigenen Großvater umzubringen.

Unter der Voraussetzung der tatsächlichen historischen Existenz und Funktion des Chronovisors möchte ich hier die humorvolle Meinung eines Kollegen zu bedenken geben: »Physik ist eine Wissenschaft, mit der man auf unzureichenden Grundlagen, mit falschen Methoden und ungeeigneten Geräten zu richtigen Ergebnissen gelangt«.

Wenn man nach Albert Einstein die traditionellen Begriffe Raum, Zeit, Materie-Energie relativiert und sie nach Max Planck einer quantenphysikalischen Kritik unterwirft, wird man auf die primäre Bedeutung des menschlichen Bewusstseins oder des Geistes und deren denkbare Ausweitung in eine nicht-lokale informatorische Verbundenheit verwiesen, die den Mystikern seit jeher vertraut ist.

In diesem holografischen Modell des »Alles-was-ist« könnten alle Daten zeitlos vorliegen, und unsere Erlebnisse wären begrenzte, dynamisch erscheinende Projektionen aus jenem metaphorischen Informationsfeld. Es müsste dann prinzipiell möglich sein, Ereignisse unserer »Vergangenheit« und wahrscheinliche Ereignisse unserer virtuellen »Zukunft« zu vergegenwärtigen. Visionen und Auditionen medial begabter Menschen in veränderten Bewusstseinszuständen bezeugen seit Jahrhunderten das Eintauchen in die Zeitlosigkeit, die Augustinus umschrieb: »Es gibt nur Gegenwart von Vergangenem, Gegenwart von Gegenwärtigem und Gegenwart von Zukünftigem«.

Oder wie eine Transwesenheit es formulierte: »*Sein ist Erleben, Erleben ist Erfahren, egal wann, wo oder wie es passiert, denn alles passiert jetzt*«. Ob aber eine rein apparative Realisierung von Rückgriffen, Online-Zugriffen und Vorgriffen überhaupt möglich ist, oder ob immer eine psychische Komponente beteiligt sein muss, bleibt unentschieden, solange ein Satz von Brenda Dunne aus Princeton nicht allgemein akzeptiert worden ist: »Alles, was ist, ist im Bewusstsein, und ohne Bewusstsein ist alles nichts«.

Ich denke, es ist der »Geist im Gerät«, der sie aktiviert, und der Mensch bleibt trotz aller Beschränkungen einstweilen immer noch die beste »Zeitmaschine«. Stürzen wir uns also mit Altmeister Goethes Faust mutig in das »Rauschen der Zeit und ins Rollen der Begebenheit« und begleiten unseren durch die Zeit reisenden Père Brune auf seiner italienischen Odyssee.

San Giorgio Maggiore in Venedig

Ein verrückter Traum

Einer der verrücktesten Träume des Menschen ist wohl der, zurück in die Vergangenheit blicken zu können, sie zu verändern oder sie zumindest wieder sehen und besuchen zu können. Dieses Rätsel gilt es zu lösen! Würden wir erfahren, wer sich hinter der »eisernen Maske« versteckt? Wüssten wir dann, was Jeanne d'Arc zum französischen König sagte? Jeder, da bin ich mir sicher, könnte diese Liste der Wünsche beliebig vervollständigen. Man könnte die Geschichten wieder erleben, vor Burgen und Stadtmauern stehen und den Kämpfen zuschauen, die sich dort abspielten. Andere wären daran interessiert, zu erfahren, wie Friedensgespräche zwischen den Königreichen abliefen. Die Schriftsteller würden endlich wieder die gewaltige Menge an verloren gegangener Literatur, wie die griechischen Tragödien, die Schriften der Templer oder die Einweihungsrituale im Eleusis, einsehen können. Die Künstler würden die verschollenen, von der Natur und den Menschen zerstörten Monumente dieser Erde wieder vor ihren Augen auftauchen lassen. Wer würde nicht versuchen, vor den großen Tempeln im alten Ägypten an großen Zeremonien und feierlichen Veranstaltungen teilzunehmen? Wer träumte nicht einmal davon, die Akropolis zu erklimmen und das antike Athen in seinen glorreichsten Tagen zu sehen?

Unsere großen Filme versuchen so gut wie möglich, uns Kleopatra trotz der unerbittlichen Flucht der Zeit wieder vor Augen zu führen. Aber, und das spüren wir, all diese Romantiker, Poeten und Schauspieler können uns nur Mutmaßungen vorspielen. Die von der Vergangenheit übrig gebliebenen Dokumente sind nur ärmliche Überreste, kleine Eindrücke, unendlich wertvoll zwar, aber dennoch nur Bruchstücke. Wenn wir sehen, was uns von den großen untergegangenen Zivilisationen geblieben ist, gewinnen wir den Eindruck, dass alles in Vergessenheit gerät und mehr und mehr aus unserem Gedächtnis verschwindet, so als hätte es nie existiert. So wie die kleinen Dinge aus unserem Leben verschwinden, so verschwindet auch die Erinnerung an die großen Königreiche dieser Welt. Selbst die Erde, die uns trägt, wird eines Tages verschwinden. Wäre es dann so, als hätten wir nie existiert, als hätten wir nie gelebt, gelitten und geliebt?

Sicherlich nicht! Ich bin davon überzeugt, dass nichts von alldem, was wir sagen, tun oder denken, verloren geht. Es gibt kein Geheimnis, das nicht eines Tages gelüftet wird, sagt uns das Evangelium (Matthäus 10,26). Es sieht so aus, dass es einigen Wissenschaftlern gelungen ist, Spuren der Vergangenheit sichtbar zu machen. Stellen Sie sich also das Unmögliche, das Unglaubliche vor, das Land unserer Träume würde sichtbar werden durch eine Kamera, mit der es möglich ist, die Menschen der Vergangenheit zu sehen und zu hören, sie in ihren Kostümen, ihrer Umgebung zu beobachten, sie zu sehen, wie sie sich bewegten, handelten, sich unterhielten oder kämpften. Und das wahrheitsgetreu, wirklich, in ihrem Lebensraum, ihrer ursprünglichen Sprache, ohne Fehlinterpretationen; keine wahrheitsgetreue Abbildung, sondern das Ereignis selbst, wie es war und stattfand. Ich lernte jemanden kennen, der behauptete, diese Kamera entwickelt zu haben. Einen absolut glaubwürdigen Menschen, den ich mehrmals traf, und der mir ganz offen von dieser fantastischen Entdeckung erzählte. Dieses Vertrauen, das er mir entgegenbrachte, kam wohl daher, dass er in mir einen ebenso vertrauensvollen Freund sah. Dieser Mann war ein Priester, wie ich, um ganz genau zu sein, er war ein Mönch, ein Mann des Glaubens, des Gebets und auch ein Mann der Wissenschaft.

Er befindet sich heute im Jenseits. Er gesellte sich zu jenen, die er durch seine kleine listige Entdeckung schon hören und sehen durfte. Wie in guten Science-Fiction-Romanen behauptet wird: »Doch sein Geheimnis wurde nicht mit ihm begraben«. Er hinterließ Spuren, Dokumente, welche allerdings nicht zugänglich sind. Sie sind versiegelt und werden sorgsam bewacht, aufbewahrt und versteckt. Ich versuchte mehrfach, Näheres zu erfahren und meine Untersuchungen mit dem wenigen mir zur Verfügung stehenden Geld fortzuführen. Ich kann Ihnen diese Maschine nicht präsentieren, denn ich habe sie nie gesehen. Auch kann ich Ihnen keine absoluten Beweise vorlegen. Ich kann Ihnen nur der Reihe nach und wahrheitsgetreu von meinen Recherchen erzählen.

Ich werde von Widersachern sprechen und ihren Einwänden, welche die Skeptiker zweifeln lassen, über die Gründe, warum mich ihre Zweifel und Erklärungen nicht überzeugten. Ich erzähle Ihnen von unvermeidlichen Missgeschicken und von Überraschungen, die mich erwarteten. Ich werde von der Vorgehensweise derer berichten, die mit allen Mitteln versuchten, diese Geschichte ins Unglaubwürdige zu ziehen. Und zu guter Letzt werde ich Ihnen erklären, warum ich mir gerade wegen der Vorgehensweise so sicher war. Ich werde erklären, dass es da »etwas« gibt, was uns von »ganz oben« verheimlicht wird, vielleicht sogar zum Wohle der Menschheit, denn eine solche Erfindung würde unser jetziges System erschüttern. Meine Untersuchung ist ein kleines Abenteuer, voller List, Widersprüche und überraschender Wendungen. Ich liefere Ihnen alle Dokumente und Schriften und verteidige sie vehement. Danach kann sich jeder sein eigenes Urteil bilden.

Ich muss noch hinzufügen, dass ich nicht der Erste bin, der über dieses Thema schreibt. Es gab schon andere, die jedoch ihre Informationen und Dokumente größtenteils von mir erhielten, wie sie selbst ehrlicherweise zugaben. Doch es unterliefen ihnen viele schwere Fehler. Manchmal ließen sie ihrer Fantasie freien Lauf. Hier muss ich das Werk von Peter Krassa (1) erwähnen, der mich zum Beispiel liebenswürdigerweise zu einem Theologieprofessor an der Sorbonne in Paris machte. Für ihn war klar, ich hatte Theologie studiert, lebte in Paris, also wurde ich zu einem Theologieprofessor an der Sorbonne. Vielleicht ist das in einem beliebigen zivilisierten Land nicht wichtig, aber für Frankreich total unzutreffend. Eine solche Aussage bei uns an der Laïcite ist undenkbar. Auch die Aussage, ich hätte den Chronovisor mit eigenen Augen gesehen, ist nicht korrekt. Krassas Buch wurde dann von einem Amerikaner übernommen – mitsamt den Fehlern. Dieser machte eine Aussage, die ich so nicht stehenlassen kann: M. Jean Sider wurde zu einem Anhänger der katholischen Lehre gemacht; er war vielleicht gläubig, aber kein Katholik; mein Freund Professor Senkowski wurde zu einem Franzosen, obwohl er Deutscher ist …

Die Bücher der beiden Verfasser sind kaum mehr als ein schwer verständlicher, wahllos zusammengewürfelter Haufen von Informationen einer Untergruppe der Esoterik (Madame Blavatsky, Rudolf Steiner, Edgar Cayce, Baird T. Spalding). Auch ich werde in meinem Buch mehrfach über paranormale Phänomene sprechen. Das liegt in der Natur der Sache. Aber es geschieht nicht, indem ich alles durcheinanderbringe. Hier nun die wahre Geschichte.

Kapitel I

»Vater, hilf mir«

Es war im Jahr 1964. Ich hatte meine Lizenz für die heiligen Schriften im biblischen Institut von Rom erhalten. Aber mehr noch als die heiligen Schriften interessierte mich schon seit Langem die Theologie und das mystische, orientalische Christentum. Ich hatte die Möglichkeit gehabt, in der Bibliothek des »Russicum«, dem päpstlichen Lehrinstitut dieser Traditionen, einige Schriften zu studieren und in Rom die byzantinischen Mosaike zu erforschen. Ich nutzte die Semesterferien, um mir auch die Mosaike in Ravenna anzusehen. Jetzt fehlten mir nur noch die von Venedig. Am Ende meines Studiums, auf dem Heimweg nach Frankreich, entschied ich mich, einen Abstecher zur Stadt der Dogen zu machen. Da mein kleines Einkommen nicht ausreichte, um den Zug zu nehmen, trampte ich wie immer. Ich sollte diese Reise nicht bereuen.

Nach dem Besuch der Benediktiner-Abtei San Giorgio Maggiore hatte ich eine Begegnung, wie durch Zufall, mit einem sehr merkwürdigen Mönch, Pater Pellegrino Ernetti. Er wartete auf dem Anlegesteg vor dem Kloster, wo ich stand, auf sein Vaporetto. Ich weiß nicht mehr genau, wie die Unterhaltung anfing; vermutlich mit ein paar sehr tiefgründigen Bemerkungen über das Wetter oder über die Vaporetti. Letztendlich fragte er mich, wohl mehr aus Höflichkeit als aus wahrem Interesse, was ich denn hier mache und woher ich käme. Wie ich hatte Pater Ernetti alte Sprachen studiert. Wir begannen, uns über die Theologie und die Heilige Schrift zu unterhalten. Ich verlieh sehr schnell meiner Verärgerung bezüglich der neuen exegetischen Tendenzen Ausdruck, die von den Texten wegführten und sogar die Evangelien nicht unberührt ließen. Diese Tendenzen begannen damals Einfluss zu nehmen, um heute zu triumphieren. Danach sind die Beschreibungen von Wundern reine Fiktion, Metaphern zu Lehrzwecken. Selbst die Worte Christi seien nur abendländisch-literarische Interpretationen der ersten Gemeinden. Was die großartige mystische Synthese des Heiligen Johannes betrifft, so sei diese nur reine Spekulation »eines christlichen Schreibers aus Griechenland«, der zum Ende des 1. Jahrhunderts in einer asiatischen Kirche lebte, wo »verschiedene Denkweisen der jüdischen Welt und des Orients aufeinandertrafen«, oder auch die eines Autors, der sich an eine »Tradition, die der des Apostels« sehr ähnlich war, anschloss. Diese Erkenntnis hatte ich schon lange vor dem Zusammentreffen mit Pater Ernetti gewonnen, und dass ich mich hinsichtlich dieser Tendenz nicht irre, zeigt genau das folgende

Zitat aus der »offiziellen ökumenischen Übersetzung der Bibel«: »Alles, was ihr gehört habt, was ihr mit euren Augen gesehen habt, was ihr vollbracht habt, und dass eure Hände das lebendige Wort berührt haben ...« (Johannes, Kapitel 1, Vers 1). Alles dies sei nichts als ein literarisches Verfahren, um uns zu täuschen. (2) Nicht zuletzt wegen dieser Entwicklung schrieb ich später ein Buch, um die Wahrheit und die Wichtigkeit der Wunder aufzuzeigen. (3)

Meine Freude war groß, zu sehen, dass Pater Ernetti meine Meinung teilte. Ohne Zweifel bewog ihn meine Aufrichtigkeit, mir von einem geheimnisvollen Gerät zu erzählen, mit dem es möglich war, diese schönen, längst vergangenen Reden wiederzugeben. Als sein Vaporetto sich näherte und seine Richtung nicht die meine war, sagte er noch schnell: »Einen Moment, Sie werden ja bald wieder in einem großen Seminar unterrichten, wenn Ihnen noch etwas Zeit bleibt, kommen Sie mich doch morgen Nachmittag im Kloster besuchen. Dort können wir uns in aller Ruhe unterhalten.«

Den ganzen Abend spielte sich diese Begegnung noch einmal in meinem Kopf ab und ich begann, mir die merkwürdigsten Geschichten über dieses Gerät auszumalen, das in der Lage sein sollte, alle intellektuellen Denkweisen, auch die der Professoren, zu zerstören. Am nächsten Tag nahm ich mir ein kleines Vaporetto und klingelte zum ersten Mal an der Eingangstür des Klosters. Wenn ich gewusst hätte, was mich dort erwarten würde! Das Büro des Paters Ernetti befand sich im Erdgeschoß, unmittelbar neben der Eingangstür des Klosters, in einem großen langen Raum mit hoher Decke. In diesem Büro stand längs der Achse des Raumes ein riesiger, sehr langer, massiver Holztisch. Er war mit Stapeln von Büchern bedeckt, die in einem künstlerischen Durcheinander angeordnet waren.

Der Tisch war alt, so wie auch die Stühle mit hohen Rückenlehnen im Stil von Louis XIII. Sie hätten eine schöne Kulisse für ein Theaterstück abgegeben, für eine Aufführung des »Faust« zum Beispiel. Nur das Telefon passte nicht in das Gesamtbild und entstellte das Ganze. Aber ich sollte bald entdecken, dass es eine sehr wichtige Rolle in den Aktivitäten des Paters spielte.

Unser erstes Treffen dauerte gut zwei Stunden. Ich glaube sagen zu dürfen, dass es der Anfang einer sehr langen Freundschaft war. Wir haben uns nicht sehr oft gesehen, die Entfernung machte ein Wiedersehen schwierig, aber wenn wir uns dann trafen, führten wir immer sehr tiefgehende Gespräche. Wir waren uns in vielen wichtigen Punkten einig, und daher rührte ohne Zweifel das vollkommene Vertrauen, das er mir entgegenbrachte.

Um ehrlich zu sein, vielleicht war dieses totale Vertrauen nicht von Anfang an vorhanden. Selbst nachdem wir uns ein wenig besser kennen gelernt und über unsere Familien, unsere Studien und die gemeinsamen

Interessen gesprochen hatten, fühlte ich in ihm eine Art Zurückhaltung. Er zögerte, das Thema, das er schon am Vorabend angesprochen und dessentwegen er mich eingeladen hatte, wieder aufzunehmen. Vielleicht bereute er, sich so schnell einem jungen, (wie ich hoffe) sympathischen Mitbruder anvertraut zu haben, über den er doch fast nichts wusste. Sein Schweigen verriet mir, wie wichtig und ohne Zweifel sehr geheim die von ihm angekündigte Erfindung war. Vielleicht wollte er mich auch prüfen, bevor er das Geheimnis enthüllte. So verstehe ich es jedenfalls im Nachhinein, wenn ich heute über die gesamte Verkettung der Geschichte nachdenke.

Er begann jedoch zunächst damit, mir von einem unglaublichen Ereignis zu berichten, von etwas anderem, als ich erwartet hatte, welches aber mit seiner Entdeckung irgendwie zusammenhing. Ungeheuerlich, absolut unglaubhaft, verwirrend und doch authentisch. Hätte er mir an diesem Abend nur diese eine Geschichte erzählt, hätte es schon gereicht, um mich wie benommen in mein Hotel gehen zu lassen.

Es war im Jahr 1952. Im Physiklabor der Universität Sacro-Cuore in Mailand untersuchten Pater Agostino Gemelli und Pater Pellegrino Ernetti die Stimmen gregorianischer Gesänge. Sie versuchten, die Obertöne zu entfernen, um herauszufinden, ob der Klang dadurch reiner würde. Sie arbeiteten mit den ersten Magnetophonen, in denen noch kein Band lief, sondern ein feiner Draht. Der Draht zerriss sehr oft, und man musste dann einen Knoten machen, der sehr klein, aber auch fest genug sein musste, um die Wiedergabe nicht zu beinträchtigen. Pater Gemelli hatte seit dem Tod seines Vaters eine alte Angewohnheit, fast schon eine Marotte, einen automatischen Reflex: Jedes Mal, wenn er Schwierigkeiten hatte oder ihm kleine Missgeschicke widerfuhren, rief er im Gedenken zu seinem Vater: »Oh! Papa, hilf mir.«

An diesem 17. September 1952 riss der Draht wieder einmal. »Oh! Papa, hilf mir«, rief Pater Gemelli. Ein Knoten wurde geknüpft und das Magnetophon wieder eingeschaltet. Aber was für eine Überraschung: Anstelle der Gesänge hörte man nun die Stimme des Vaters Gemelli: »Aber sicher helfe ich dir. Ich bin immer bei dir«. »Was für ein Schock für den Pater!«, erzählte mir Pater Ernetti. Pater Gemelli wollte das Gerät sofort ausschalten. »Aber nein, machen wir weiter, um zu sehen, was noch passiert«, beharrte Pater Ernetti. Und wieder hörten sie die Stimme des verstorbenen Vaters, der zu seinem Sohn sagte: »Aber ja, Zuccone, hörst du denn nicht, dass ich es wirklich bin?« Dieses Mal klang der Ton etwas ironisch. »Zuccone« heißt übersetzt »Kürbis«, vermutlich war das eine Anspielung auf die Kindertage des Paters, als er noch ein bisschen rundlich war.

Ich denke, dass dieser Bericht für die meisten meiner Leser wie Fiktion klingt. Wie ein guter Roman, in dem der Autor alles anordnet, um den Leser glauben zu machen, dass es sich um eine wissenschaftliche oder polizeiliche Untersuchung handelt, und dass alles, was er sagt, wahr ist. Je mehr ihm der Leser glaubt, umso größer wären das Vergnügen und der Erfolg des Autors. Ich bin mir bewusst, dass das, was ich hier gerade geschildert habe, so absurd klingt, dass es hoffnungslos erscheint, jemanden einfach durch diese Erzählung zu überzeugen. Ich kann mich aber auf sehr gute Literatur berufen, die derartige Phänomene beschreibt, und habe mit Unterstützung sehr anerkannter Forscher aus Europa und Amerika seit 18 Jahren dieses Thema selbst studiert. (4)

Doch bis zur ersten Begegnung mit Pater Ernetti hatte ich noch nie von solch wunderlichen Dingen gehört. Meine Reaktion war: »Aber das ist ja fantastisch, so etwas Außergewöhnliches muss veröffentlicht werden! Das ist doch sehr wichtig.« Ich weiß nicht, ob meine Bemerkung dazu beigetragen hat, doch genau diese Geschichte wurde später in der esoterischen Zeitschrift »Astra« (Juni 1990) publiziert. Pater Ernetti schickte mir ein Exemplar dieser Ausgabe. Auch in anderen Magazinen wurde diese Geschichte, vielleicht nicht im gleichen Wortlaut, aber durchaus wahrheitsgetreu, veröffentlicht. Ich halte mich jedoch an Pater Ernettis Bericht, wie er ihn mir gegeben hat. Es ist sicher richtig, dass die Zeitschrift »Astra« nicht gerade ein hohes wissenschaftliches Niveau hat. Sie ist voller Horoskope, Werbungen von Magiern und Angeboten von Talismanen. Ich muss jedoch einwenden, dass meine Bekannte, Paola Giovetti, es dennoch nicht verschmäht, Artikel dort zu publizieren. Ich schätze ihre Ehrlichkeit sehr und weiß um die Bewunderungswürdigkeit der Arbeiten, die sie andernorts durchführt. Ich selbst wurde nur selten von anerkannten seriösen Zeitschriften interviewt. Ich denke, Gott macht es wie ein Gebirgsfluss in den Bergen: Wenn riesige Steinblöcke den Weg versperren, fließen seine Wasser an den Seiten herab oder suchen sich ein neues Bett.

Man muss wissen, dass Pater Gemelli Doktor der Medizin und Spezialist der Quantenphysik war. Er war der Gründer der katholischen Universität Sacro-Cuore in Mailand und wirkte 40 Jahre (1919–1959), bis zu seinem Tod, als ihr Rektor. Er war außerdem Präsident der Päpstlichen Wissenschaftlichen Akademie, wodurch es ihm und Pater Ernetti natürlich relativ leicht war, eine Audienz bei Pius XII. zu erhalten, um ihm ihr Erlebnis zu berichten und über die fantastischen Perspektiven zu sprechen, die eine derartige Erfindung für die Zukunft eröffnen könnte. Die Reaktion des Papstes war sehr positiv. Er sah darin »den Anfang einer neuen wissenschaftlichen Studie zur Bestätigung des Glaubens an das Jenseits«. Auch dies alles wurde im Magazin »Astra« veröffentlicht und in eine Anzahl anderer Werke übernommen. Ich lege darauf jedoch kein besonderes Gewicht, außer um zu unterstreichen, dass diese Veröffentlichung kein Dementi zur Folge gehabt und Pater Ernetti sie nicht zum Ziel irgendeiner Strafmaßnahme gemacht hat.

Papst Pius XII.

Pater Agostino Gemelli

Die Antwort des Papstes wurde später im italienischen Journal Astra (Italian Journal Astra, June 1990, quoted Kubis and Macy, 1995:102) veröffentlicht:

»Lieber Pater Gemelli, du brauchst dir keine Sorgen zu machen. Die Existenz dieser Stimme ist ein wissenschaftliches Faktum und hat mit Spiritismus nichts zu tun. Das Tonbandgerät ist vollkommen objektiv. Es zeichnet bloß Schallwellen auf, wo auch immer sie herkommen. Dieses Experiment wird vielleicht ein Grundstein für wissenschaftliche Studien und wird den Glauben an ein Leben nach dem Tod stärken.«

Über Pater Ernetti muss man wissen, dass man es in seiner Person mit einem außergewöhnlich kultivierten, echten Gelehrten zu tun hatte. Ich werde in diesem Kapitel etwas ausführlicher auf seine Person eingehen, denn es ist wichtig, seine Glaubwürdigkeit außer Frage zu stellen. Je unglaubwürdiger die Dinge erscheinen, umso wichtiger sind die Zeugenaussagen. Denn das, was ich nun berichten werde, ist das Unglaublichste von allem. Er zögerte nicht länger, mir von einem Gerät zu erzählen, das noch fantastischer war als alles andere, und mit dem man Bilder und Töne der Vergangenheit einfangen konnte!

Pater Ernettis Spezialität war die präpolyfonische Musik, mit anderen Worten, alle Musik, weltweit, von 2000 vor bis 1200 nach Christus. Er besaß als Einziger auf der Welt in diesem Fach einen Titel im staatlichen Konservatorium »Benedetto Marcello« in Venedig. Seine Arbeiten bis 1986 beinhalteten 72 Bände und 54 Aufnahmen. Er schenkte mir einige seiner Werke, unter anderem den Band »Philosophische und theologische Prinzipien der

Musik«, der allein 564 Seiten hat! Er zog eine Zwischenbilanz, insbesondere über die Kenntnis ägyptischer, sumerischer und vedischer Musik, und ich versichere, er war in der Lage, sie wiederzugeben. Da ich diese Sprachen selbst ein wenig studiert habe, kann ich sein Werk nur bewundern (Principi filosofici e teologici della musica, EDI-PAN, Rom 1980). Wir verdanken diesem Autor insbesondere auch viele Studien über die gregorianischen Gesänge, deren Interpretation durch die Tradition der französischen Abtei Solesmes er nicht teilte. (5)

Aufgrund seiner hervorragenden Kenntnis auf diesem Gebiet redigierte er einen Text über die Kirchenmusik und den gregorianischen Gesang, der etwas später, im Jahr 1971, von Papst Paul VI. während einer Audienz gelesen wurde. Pater Ernetti hatte seinem Neffen Aprilio die Texte vor der Audienz gezeigt und dieser konnte ihn in der Veröffentlichung im Osservatore Romano als denjenigen wieder erkennen, den sein Onkel redigiert hatte. Die musikalische Kompetenz Pater Ernettis wurde gleichermaßen in die neue italienische Übersetzung der Bibel eingebracht, die von der italienischen Bischofskonferenz gefördert wurde. Er redigierte die Übersetzung, um sich ihrer harmonischen Rhythmik zu vergewissern. Die Liste der Mitarbeiter an dieser Übersetzung enthält seinen Namen und präzisiert seine Rolle. Ich ergänze, dass Pater Ernetti im Anhang eines seiner Werke ein ganzes Dossier mit Spektrogrammen gregorianischer Gesänge wiedergibt, das von Pater Gemelli stammt. Ihre Zusammenarbeit war also nicht auf das Erlebnis in Mailand beschränkt. Erst sehr viel später habe ich erfahren, dass die beiden bis zu Pater Gemellis Tod sehr eng befreundet waren. Und das war weit mehr als ein Stück Literaturgeschichte.

Wie bereits erwähnt, war Pater Gemelli in Quanten- und subatomarer Physik diplomiert. Wichtig ist es auch zu festzuhalten, dass Pater Ernetti von Papst Johannes XXIII. zum theologischen Experten des Zweiten Vatikanischen Konzils ernannt und durch Papst Paul VI. in seiner Funktion bestätigt wurde. Von all dem wusste ich nichts, als Pater Ernetti mir von dem Ereignis in Mailand erzählte. Trotzdem war die Geschichte so außergewöhnlich, dass ich ihn voll Begeisterung um mehr Informationen bat. Er erklärte mir also, dass er sich während der akustischen Arbeiten mit Pater Gemelli zu fragen begann, was mit all den Schwingungen, die wir ständig aussenden und die uns gerade bilden, geschehen könnte. Sei es letztlich für die heutige Wissenschaft nicht so, dass es keine festen Teilchen gibt, keine »Staubkörner«, sondern nur Wellen? Alles ist Schwingung! Wird in der Genesis nicht erwähnt, dass die Schöpfung durch die Willenskraft Gottes entstand, durch Sein Wort, anders gesagt, durch die Aussendung von Wellen?

Für Pater Ernetti waren die Tonwellen nicht von anderer Natur als das, was wir »Materie« nennen. Diese enthält die gleichen Wellen, das »gleiche harmonische Spektrum«. Um absolut sicher zu sein, dass ich seine Gedanken nicht falsch interpretiere, beziehe ich mich unter anderem auch auf eines seiner Bücher, in dem er über dasselbe Thema schreibt, das er mir an jenem Tag zu erklären versuchte. Er gelangte zu einer Schlussfolgerung, die er selbst für »unglaublich und fiktiv« hielt, aber doch als wahr erkannte: Alle Elementarteilchen sind lebendig und vital, weil sie aus Schallwellen gebildet sind. Hinsichtlich der Harmoniegesetze sagte er: Mit der Möglichkeit, die Regeln (der Quantenphysik und Wellenmechanik) auf das ganze Universum auszuweiten, gewinnen wir einen der bedeutendsten theologischen Aspekte der Musik, insofern der Schöpfer die gleiche Harmonie in der Materie angeordnet hat, wie man sie heute im harmonischen Spektrum der Töne wiederfindet. (6) Einem Journalisten (7) gegenüber erklärte er des Weiteren, dass Lichtwellen ebenso wie Schallwellen weder zerstört werden noch als solche erhalten bleiben. Sie werden umgewandelt, was es ermöglicht, sie eines Tages zu rekonstruieren. Dieses Detail ist sehr wichtig, denn einer der am häufigsten genannten Einwände gegen die Möglichkeit, dass wir eines Tages die Ereignisse der Vergangenheit einfangen, ist der, dass sich die sichtbaren Wellen mit Lichtgeschwindigkeit bewegen, also mit 300 000 km pro Sekunde, und die akustischen Wellen relativ langsam sind. Um aber genau zu sein: Es geht gar nicht darum, diese Wellen direkt einzufangen. »Die Pythagoräer und die Schüler des Aristoteles hatten schon 400 v. Chr. erkannt, dass es durch die Zerlegung der Töne möglich wäre, Bilder zu rekonstruieren. Doch fehlten ihnen die Mittel zur Umsetzung. Heute, mit dem Fortschritt von Wissenschaft und Technik, sind wir imstande, das zu realisieren, wovon unsere Vorfahren nur eine intuitive Vorstellung hatten.« Ich versuche hier nicht, nachzuweisen, dass Pater Ernetti mit seiner Denkweise richtig lag. Ich versuche nur, seinen Gedankengang möglichst genau nachzuvollziehen, um es den Lesern und Leserinnen leichter zu machen, seine Vorgehensweise zu verstehen. Ich muss dazu bemerken, dass die Vorstellung, nach der es im ganzen Universum bis in die kleinsten Teilchen der Materie Leben gibt, sich sehr oft im Zeugnis von Menschen wieder findet, die ein Nahtod-Erlebnis hatten. Sie empfanden sich dabei außerhalb ihrer Körper, und traten wie durch eine Art Tunnel in eine andere Dimension und ein außergewöhnliches Licht ein, in dem sie bedingungslose Liebe erlebten. Diese Phänomene sind inzwischen einem hinreichend großen Publikum bekannt, und neuere Studien zeigen mehr und mehr, dass sie nicht einfach auf Bewusstseinsveränderungen reduziert werden können. Hier eine Zeugenaussage von vielen: »Ich sah tausende von Energiepartikeln … Meine Topfpflanzen strahlten … dank dieser Energie spürte ich die Gegenwart Gottes im ganzen Haus ... Ich habe verstanden, dass diese Energie das wahre Wesen aller Dinge unseres Alltags beinhaltet, und deren Stofflichkeit weitaus weniger bedeutsam ist als das Licht, das sie enthalten ... Alles antwortete Seiner Stimme und lobte Ihn auf seine Weise ...« Ich möchte noch hinzufügen, dass man dieselbe Erfahrung bei gewissen christlichen und nicht-christlichen Mystikern wiederfindet, und dass man in Indien seit jeher die Technik kannte, solche Wahrnehmungen, hauptsächlich durch das Erwecken der Kundalini, hervorzurufen.

Pater Ernettis Intuitionen stimmen vielleicht mit der einen oder anderen Realität jenseits der von unseren Sinnen wahrnehmbaren Wirklichkeit überein, die aber dennoch real ist. Dieses Realitätsniveau könnte vermutlich das der Elementarteilchen sein. Er verweist auf den Schöpfungsakt, wie er am Anfang des Buches Genesis berichtet ist. Da gibt es das Wort Gottes und das Erscheinen des Lichtes. Pater Ernetti glaubte, Licht und Ton seien in unserer Welt zwei verschiedene Manifestationen derselben Energie, weshalb eine gewisse Umwandlung von Licht in Ton und umgekehrt möglich sei. In seinen Forschungen über die Nahtod-Erlebnisse, die ich kurz erwähnte, bestätigen die Zeugen oft, dass sie die Klänge der Farben hörten und die Farben der Klänge sahen. Und der Pater, mit seinen Überlegungen fortfahrend, wies mich darauf hin, dass es nach den gegenwärtigen wissenschaftlichen Theorien auf diesem Realitätsniveau keinen Raum und keine Zeit mehr gibt. In gewissem Sinn koexistieren Vergangenheit, Gegenwart und Zukunft, nicht jetzt, nicht in unserer Zeit, aber in einer Art Zone außerhalb der Zeit. Wenn wir diese Zone, dieses Realitätsniveau, erreichen könnten, müssten wir die gesamte Vergangenheit wiederfinden und auch alle Zukunft wahrnehmen können.

Für uns Priester, oder genauer gesagt Theologen, ist diese Perspektive nicht sehr erstaunlich, denn die Zeit- und Raumkategorie ist genau diejenige, die in jeder Religion unterschwellig als »heilig« gilt, wie Mircea Eliade zeigte, und Don Odon Casel in der jüdisch-christlichen Überlieferung fand. Selbst das Geheimnis der Eucharistiefeier, »der Messe«, ist nicht nur eine symbolische Repräsentation des Todes und der Wiederauferstehung Christi; und sie ist natürlich auch keine neue Tötung und Wiederauferstehung im Reich der Unsichtbaren. Aber sie ist, an welchem Ort und zu welcher Zeit auch immer, eine reale Teilnahme an dem einmaligen Tod und der einmaligen Wiederauferstehung. (8)

Ich erinnere mich, dass wir über dieses und andere Themen lange Gespräche führten und uns über diesen Punkt, wie über viele andere, gedanklich vollkommen einig waren, wobei wir beide bedauerten, dass die heutigen Priester von dem Mysterium, das sie zu feiern vorgeben, keine

Vorstellung mehr haben. Ich erinnere mich, ergänzt zu haben, dass die orthodoxen orientalischen Christen, die an dieser Tradition festhalten, im Augenblick der Liturgie, in dem sie Gott für das loben, was er für uns getan hat, die glorreiche Wiederkunft Christi am Ende der Zeit in Erinnerung rufen. Wie einer ihrer Theologen, lange bevor die neuen wissenschaftlichen Theorien im Volk bekannt geworden waren, es formulierte: »Die Kirche erinnert sich an die Zukunft«.

Meines offenen Geistes sicher, setzte Pater Ernetti seinen Bericht fort. Er interessierte sich vorwiegend für die Vergangenheit. Er träumte davon, an den großen Zitterkonzerten am Hof der Pharaonen teilzunehmen, er träumte davon, hören zu können, wie die Psalmen im Tempel von Jerusalem gesungen wurden und endlich zu wissen, wie sich die antiken Chöre in den griechischen Tragödien tatsächlich anhörten …

Die Arbeiten an dem Gerät, das später als »Chronovisor« bezeichnet wurde, begannen 1956 in Mailand zusammen mit Pater Gemelli. 1957 hatte Pater Ernetti bereits Professor De Matos getroffen, einen portugiesischen Gelehrten, der sehr scharfsinnige Untersuchungen auf dem Gebiet der Zerlegung von Klängen durchgeführt hatte, und ihn von seinem Projekt überzeugt. 1965 wurde in Venedig am Staatlichen Konservatorium »Benedetto Marcello« der Lehrstuhl für präpolyfonische Musik eingerichtet. Das ermöglichte Pater Ernetti, mit vielen Wissenschaftlern auf der ganzen Welt in Kontakt zu treten. Er begann, eine Anzahl von Wissenschaftlern um sich zu versammeln, um den Versuch zu unternehmen, ein Gerät zu entwickeln, das imstande sein würde, die Wellen einzufangen, die von unserer Welt und unserer Geschichte ausgegangen waren, ohne ihr vollständig anzugehören und in unserer Zeit und in unserem Raum gefangen zu sein. Das also war der »Chronovisore«, der »Chronovisor«!

Wernher von Braun

Enrico Fermi

»Wir waren etwa ein Dutzend stark interessierte Wissenschafter, die zeitweise an der Konzeption und der Konstruktion dieses Gerätes arbeiteten. Fermi und einer seiner Schüler waren dabei, ein japanischer Nobelpreisträger, der erwähnte portugiesische Gelehrte De Matos und Wernher von Braun.«

»Aber wie kam es zu dieser erstaunlichen Entdeckung?«

»Praktisch durch Zufall; durch eine sehr einfache Idee, ein bisschen wie das Ei des Columbus. Es genügte, daran zu denken.«

»Aber dann könnte ja eines Tages jemand anders auf die gleiche Idee kommen.«

»Nein! Das ist praktisch unmöglich. Es müsste ein unerhörter Zufall sein.«

»Aber was haben Sie damit eingefangen? Die Töne, die Bilder?«

»Ja, aber nicht wie in einem Film, eher als Hologramm, als dreidimensionales Relief. Die Personen waren nicht sehr groß. Etwa im Format unserer Fernsehbildschirme.«

»Waren die Bilder farbig?«

»Nein, schwarz-weiß, aber bewegt und mit Ton. Heute wären sie sicher in Farbe möglich.«

»Konnten Sie sich aussuchen, was Sie einfangen wollten, oder funktionierte das Gerät nach dem Zufallsprinzip?«

»Nein, wir konnten unser Gerät tatsächlich so einstellen, dass wir den gewünschten Ort des Geschehens und die Epoche bestimmen konnten. Um genauer zu sein: Wir suchten jemanden aus, den wir verfolgen wollten. Wir stellten den Apparat auf die Person ein, und er folgte ihr dann automatisch, ein bisschen wie bei den Ornithologen, welche die Wildvögel oder Schwäne und Gänse mit einem Sendering ausrüsten, um ihre Flugroute besser verfolgen und sie eventuell schützen zu können.«

»Waren die Bilder, die Sie empfingen, mit jenen identisch, welche die vergangenen Personen von ihrem Standpunkt aus sahen?«

»Nein, ganz und gar nicht. Wir sahen die Person und das, was von ihr ausging. Jeder Mensch besitzt eine spezielle Welle, eine Ausstrahlung, die ihm eigen ist, ein bisschen wie eine Unterschrift oder ein Fingerabdruck. Auch die Stimme jedes Menschen ist einzigartig. Mittlerweile entwickelt man Apparate, die in der Lage sind, Stimmen zu identifizieren. Autos, die nur dann die Tür öffnen, wenn sie die Stimme des Eigentümers erkennen. Gleichermaßen ist die Iris des Auges individuell verschieden, ohne etwa bis auf die DNS zurückzugreifen. Es ging also darum, alle Bewegungen einer Person zu verfolgen, jeden einzelnen Schritt. Die gewählte Person stand stets im Mittelpunkt der Handlung. Das wesentliche Problem war, sich an eine Person heranzutasten. Dann stellte man den Apparat auf die Welle ein, die von ihr ausging, und der Apparat verfolgte sie automatisch.«

»Wen haben Sie auf diese Weise gesehen?«

»Wir wollten zuerst überprüfen, ob das, was wir empfingen, authentisch war. Wir begannen also mit einer Szene aus der hinreichend nahen Vergangenheit, von der wir gute audiovisuelle Aufzeichnungen besaßen. Wir stellten unser Gerät auf eine Rede von Mussolini ein. Dann taten wir das Gleiche mit einer Rede von Papst Pius XII. und gingen in der Zeit weiter zurück zu Napoleon. Wenn ich richtig verstanden habe, was er sagte, handelte es sich dabei um die Rede, in der er die Aufhebung des Fürstentums Venedig bekannt gab, um eine italienische Republik zu proklamieren. In der Folge sind wir in das antike Rom eingestiegen, in die Szene eines Obst- und Gemüsemarktes zur Zeit des Trajan; in die ›Catilinarische Verschwörung‹, eine der bekanntesten Reden Ciceros. Wir hörten und sahen das legendäre ›Quousque tandem Catilina…‹, die Gesten, der Tonfall, alles war da. Was für ein Höhenflug! Es war großartig. Aber ich hatte den Eindruck, dass die Aussprache eine völlig andere war, als man heute in den Schulen lehrt. Mir schien, dass das ›ae‹ nicht als zwei getrennte Silben, gesprochen wurde, sondern als ein langes ›a‹.

Schließlich sind wir an einer Art Einakter hängen geblieben, an einer kurzen, praktisch vollkommen verlorenen antiken Tragödie. Man kannte sie nur noch aus Zitaten verschiedener Autoren (Probe, Nonius und Cicero). Wir hatten sie aus linguistischen Gründen ausgewählt. Quintus Ennius war einer der ersten großen Poeten der lateinischen Sprache zu der Zeit, als das Lateinische anfing, aus seinem einfachen Dialekt auszubrechen und in eine wahre literarische Sprache überzugehen. Es stand zwar noch unter griechischem Einfluss, gewann aber doch schon seine Autonomie. ›Thyeste‹ ist der Name dieses kleinen Stückes, das 169 v. Ch. in Rom, nahe dem Tempel des

Apollon, während der ›Ludi Apollinares‹ kurz vor dem Tod des Autors aufgeführt wurde.«

»*Und Sie konnten den Text rekonstruieren?*«

»Wir haben alles gehört und gesehen, den Text, die Chöre, die Musik. Übrigens habe ich den Text veröffentlicht und konnte sogar die zugehörigen Musiknoten in der dorischen Tonart aufzeichnen.«

»*All dies ist so absolut fantastisch, unglaublich und wunderbar. Aber sagen Sie, Vater, als Sie mich eingeladen haben, Sie zu besuchen, war es doch sicherlich nicht nur, um mit mir über Quintus Ennius zu reden. Sie sprachen auch über das Leben Christi. Konnten sie wirklich bis in das Leben des Christus zurückgehen?*«

»Ja, sicher...«

»*Und?*«

Eine Weile des Schweigens entstand. War es Zurückhaltung oder eine kurze Bedenkpause vor dem Sturm? Dann nahm Pater Ernetti den Faden wieder auf:

»Wir versuchten zunächst, die Leidensgeschichte zu finden, Christus am Kreuz. Aber das war nicht so einfach. Zu jener Zeit wurden viele Menschen gekreuzigt. Wir dachten, wir könnten die Szene trotzdem finden, indem wir nach einem Mann mit einer Dornenkrone Ausschau halten müssten. Wir dachten, diese Krone sei nur dem Christus eigen gewesen aufgrund der Beschuldigung, sich als König bezeichnet zu haben. Unglücklicherweise erlebten wir eine Überraschung. Die Dornenkrone war nicht so einzigartig, wie wir annahmen. Also versuchten wir, weiter zurückzugehen zum Letzten Abendmahl. Das klappte. Und von diesem Moment an ließen wir Christus nicht mehr aus den Augen. Es war im Jahr 36 unserer Zeitrechnung, und die Szenen, die wir auffingen, wurden zwischen dem 12. und 14. Januar 1956 aufgenommen. (9)

Wir haben alles gesehen: Die Todesangst im Olivenhain, den Verrat des Judas, den Prozess, den Leidensweg. Als Jesus vor Pilatus gebracht wurde, war er schon sehr entstellt. Wir sahen auch den Aufstieg zum Kalvarienberg, den Kreuzweg. Aber die mittelalterliche Frömmigkeit hat die Ereignisse etwas verändert und einige Episoden hinzugefügt. Christus ist nicht gestürzt, und er hat nicht das gesamte Kreuz getragen. Es wäre viel zu schwer gewesen, er trug nur das ›patibulum‹. den horizontalen Balken, der auf seinen Schultern befestigt war. Seine Füße waren mit denen der anderen Verurteilten verbunden, die mit ihm gekreuzigt wurden. Er war sehr verunstaltet«, wiederholte Pater Ernetti. »Die Geißelung hatte seine Haut zerfetzt, und man konnte bis auf die Knochen sehen. Da aber nach römischem Recht der Verurteilte lebendig am Platz seiner Kreuzigung ankommen musste, verpflichteten die Soldaten Simon von Cyrene. Wir sahen diese Szene so, wie sie im Evangelium geschrieben steht. Aber auch an dieser Stelle hat die Frömmigkeit einiges ein wenig verändert. In früheren Zeiten ließ man uns sehr schöne Texte lesen, und wir unterlagen einer unzutreffenden Darstellung der Rolle des Simon von Cyrene, damit wir beneiden sollten, dass er (gewürdigt war) das Kreuz zu tragen und uns anzubieten, ihm dabei innerlich zu helfen. Wir haben aber gut gesehen, dass es keinen Grund zum Neid gab. Er übernahm das Kreuz nicht freiwillig, sondern man musste ihn dazu zwingen.«

»Haben Sie die Szene gesehen, in der Veronika versuchte, auf dem Kreuzweg das Gesicht Christi zu reinigen, haben Sie diese Szene gesehen?«

»Nein! Aber Sie wissen ja, dieser Teil steht auch nicht im Evangelium.«

Pater Ernetti fuhr fort. Aber ohne, dass er sich dessen wirklich bewusst war, sprach er plötzlich nicht mehr in der Vergangenheitsform. Augenscheinlich erlebt er das Gesehene intensiv wieder und spricht in der Gegenwart:

»Auf dem Kalvarienberg angekommen, schaut Jesus all jene an, die ihn zuvor umgeben und beleidigt hatten. Es spielt sich das Gleiche ab wie im Olivenhain. Er entwickelt aus seiner ganzen Person heraus eine derartige Majestät, dass sich alle, Juden, Griechen und Römer, zurückziehen, sich drängeln und zu Boden fallen. Maria, die Mutter Christi, Johannes und die beiden anderen Marien bleiben als einzige aufrecht stehen. Weder seine Mutter Maria, noch der Heilige Johannes weinen am Fuße des Kreuzes. Die beiden anderen Marien weinen. Hier ist das ›Stabat Mater‹ nicht korrekt, Maria war nicht die ›Tränenreiche‹.

Darüber hinaus gibt es einige Worte, die im Evangelium nicht enthalten sind. Beispielsweise sagt Christus einmal: ›Diese Stunde ist Eure‹. Diesen Satz findet man im Evangelium an einer anderen Stelle, aber Christus wiederholt ihn hier. Auch sagt er am Kreuz etwas wie: ›Jetzt bin ich erhöht, ich werde alle an mich ziehen.‹ Die sieben im Evangelium berichteten letzten Sätze Christi am Kreuz sind richtig. Jedes Mal, wenn er spricht, schaut er um sich und alle verstummen. Das Gesicht ist schmerzvoll, aber immer sehr edel und heiligenmäßig. Manchmal ist dem Text des Evangeliums etwas hinzugefügt worden, wo Christi Haltung den Sinn besser erscheinen lässt. Als er zum Beispiel sagt ›Ich habe Durst‹, haben es die Juden falsch verstanden. Sie meinten, dass er etwas zu trinken verlangte. Er aber sprach von einem spirituellen Durst. Er sagte ›Ich werde alle an mich ziehen‹. Er sprach von dem Durst unserer Seelen. So war es auch, als er zu dem reuigen Dieb sagte: ›Heute wirst du mit mir im Paradies sein‹, und ich verstand, dass er selbst das Paradies war. Nach den berühmten Worten: ›Mutter, sieh deinen Sohn‹ und ›Sohn, sieh deine Mutter‹, fügt er, sich an den Heiligen Johannes wendend, hinzu: ›Und die anderen, wo sind sie? Warum haben sie mich verlassen?‹ Ich glaube nicht, fügte Pater Ernetti hinzu, dass Christi Tod durch Ersticken eintrat, wie es viele Mediziner annehmen. Wir sahen ihn immer aufrecht, bis zum letzten Moment.«

Jetzt war ich es, der verstummte. Pater Ernetti respektierte mein Schweigen. Aber dann kam meine Neugierde zurück:

»Und, haben Sie auch die Wiederauferstehung gesehen?«

»Ja! Sie ist sehr schwer zu beschreiben. Es war wie ein Schattenbild, eine leuchtende Form, die wie durch eine dünne Folie oder wie durch einen Kristall scheint … Nach und nach sahen wir dann das ganze Leben Christi, sein mehrmaliges Erscheinen nach der Wiederauferstehung …«

»Sind von all dem noch Spuren erhalten?«

»Ja, wir haben alles gefilmt. Zwar verloren wir dadurch die Dreidimensionalität, aber es gab nur dieses eine Mittel, ein Zeugnis zu erhalten, das wir anschließend Papst Pius XII. zeigen konnten. Bei dieser Vorführung waren außerdem der Präsident der Italienischen Republik (Giovanni Gronchi), der Kultusminister und die Mitglieder der Päpstlichen Akademie anwesend.«

»Und was ist dann aus der Apparatur geworden?«

»Sie wurde demontiert und in Teilen an einem sicheren Ort verwahrt. Überdies habe ich einen Bauplan bei einem Notar in der Schweiz und weitere in Japan hinterlegt. Und es gibt selbstverständlich eine Kopie in Rom.«

»Aber warum? Warum versteckt man eine derartige Entdeckung, die imstande ist, die Welt zu erschüttern und den Glauben wieder zu beleben, der allerorten verloren geht?«

»Dieser Apparat kann die Vergangenheit jedes einzelnen Menschen vollständig und ausnahmslos einfangen. Nichts könnte mehr geheim gehalten werden: kein Staatsgeheimnis, keine Geheimnisse in Wissenschaft, Industrie, Handel und Diplomatie, es gäbe auch kein Privatleben mehr. Eines Tages nahmen wir die Bilder einer Bande auf, die einen bewaffneten Raubüberfall plante. Wir haben die Polizei verständigt, die noch rechtzeitig zugreifen konnte. Aber der Raub hatte bereits stattgefunden. Unser Gerät hatte nicht gelogen. Es ist eine Umwälzung, wie ihr sagt, aber eine so totale, dass sie manchen Angst macht. Es ist die offene Tür für die entsetzlichste Diktatur, welche die Welt je gekannt hat. Daher haben wir uns am Ende darauf geeinigt, den Chronovisor zu zerlegen.«

»Aber vielleicht könnte man ihn, ohne alles zu enthüllen, benutzen, um gewisse Teile der menschlichen Geschichte zu entdecken, die man sodann durch Ausgrabungen wiederfände. Wir hätten auf diese Weise wenigstens einen Beweis dafür, dass der Chronovisor existierte.«

»Wir haben das bereits im Fall der berühmten Handschriften vom Toten Meer getan. Man weiß, dass ein Hirte, der einer verirrten Ziege nachstellte, die ersten Texte in einer Grotte fand. Dank des Chronovisors konnten wir weitere Grotten in Qumran nachweisen, in denen man sicherlich noch mehr Manuskripte finden würde. Die Amerikaner kamen selbst zu uns. Ich habe ihren Botschafter in Italien empfangen; wir haben ein Protokoll unterzeichnet, in dem sie sich verpflichteten, diese Texte unter Angabe ihrer Quelle zu veröffentlichen. Aber wir haben nie etwas erhalten. Vollständiges Schweigen!«

»Könnten Sie mir vielleicht nicht doch eine gewisse Vorstellung der Struktur dieses Gerätes zum Einfangen der Vergangenheit geben? «

»Es wird Ihnen zwar nicht viel bringen, aber ich kann Ihnen natürlich ohne großes Risiko eine kleine Freude machen. Das Gerät bestand aus drei Baugruppen. Der erste Block enthielt eine Vielzahl von Antennen, um alle denkbar möglichen und vorstellbaren Wellen einzufangen. Diese Antennen bestanden aus Legierungen aller Metalle und waren miteinander verbunden. Der zweite Block enthielt einen Selektor, der mit Lichtgeschwindigkeit arbeitete. Man konnte ihn in einem geschlossenen Kreis auf den gewünschten Ort, das Datum und die Person einstellen, dem der Apparat dann überall hin folgte. Schließlich bestand der dritte Block aus einem Gerät, um das Geschehen in Bild und Ton wiederzugeben.«

»Haben Sie jemals davon geträumt, die phantastischen Möglichkeiten ihrer Entdeckung zur Erforschung des Universums zu benutzen, indem Sie ihr Gerät auf entfernte Welten oder eine weit entfernte Vergangenheit eingestellen würden oder sogar auf beides? Eine Art ›SETI Projekt‹; aber weniger kostspielig und vermutlich erfolgreicher. Mit Ihrem Wundergerät könnte man nicht nur die Existenz anderer bewohnter Planeten beweisen, man könnte sogar sehen, wie die Bewohner aussehen und wie sie leben.«

»Nein!«

In diesem Augenblick erhellt sich das Gesicht des Paters. Diese Aussicht gefiel ihm sichtlich und machte ihn ganz nachdenklich.

»Wir befanden uns damals in den ersten Versuchen mit unserem Gerät. Wir haben es leider zu früh demontiert, noch bevor wir alle Möglichkeiten untersucht hatten. Es hätte gewiss nur einiger minimaler Abänderungen gebraucht. Es müsste möglich sein! Heute könnten wir problemlos auch farbige Bilder erhalten.«

Ich erinnere mich nicht mehr gut daran, wie unser erstes Gespräch endete. Aber was ich noch weiß, ist, dass ich an diesem Tag völlig benebelt in mein Hotel ging. Solange ich mit Pater Ernetti zusammen war, ihn sah und hörte, war seine Überzeugungskraft so stark, dass mir das, was er mir erzählte, nahezu natürlich erschien. Aber jetzt, während ich allein war, begann die Überlegung zu überwiegen. All dies war total verrückt! Hatte ich das Zuammentreffen nur geträumt? Oder war er es, der dieses alles geträumt hatte, ein verrückter Gelehrter, wie man sie oft in Groschenheften oder in Science-Fiction-Romanen findet?

Aber was, wenn es dennoch wahr wäre? Wenn er das Mittel besäße, alle Witzbolde zum Schweigen zu bringen, welche durch Zugang zur »Akasha-Chronik« oder nach Visionen während einer »Astralreise«, mittels automatisch geschriebener Botschaften, trance-medialer Erfahrungen und was es da sonst noch so gibt, »authentische« Lebensläufe Christi verbreiten. Wenn er damit auch das Mittel hätte, alle unsere Exegeten moderner Schule zum Schweigen zu bringen, die den geschichtlichen Wert der Evangelien völlig zugrunderichten, ohne ihre Hirngespinste mit dem geringsten

Indiz rechtfertigen zu können. Die Kirche befindet sich mehr und mehr in einer surrealistischen Situation. Die gesamte Etikette wird aufrechterhalten, monströse Veranstaltungen, prunkvolle Zeremonien, Kostüme und Verkleidungen. Die traditionelle Lehre wird von Zeit zu Zeit auf offiziellen Gipfeltreffen wiederholt. Aber in Wirklichkeit haben die riesigen Mengen an Theologen von nichts eine Vorstellung. Sie glauben weder an Engel noch an Dämonen noch an Wunder. Sie sehen in den Evangelien nicht mehr als überholte Erzählungen, weit entfernt vom Zeugnis der Apostel. (10) Der Papst wird zunehmend unfehlbar, aber der Glaube zerfasert sich auf allen Ebenen. Es reicht nicht aus, das Abdriften zu verurteilen, wie es Papst Paul II. zu Beginn seiner Amtszeit versucht hat. Man muss Vorschläge machen, aber sicherlich nicht bis zum Heiligen Thomas von Aquin zurückschreiten. Ich weiß, dass es auch kleine Gruppen tief spiritueller, hingebungsvoller Menschen gibt, die sich dem Lauf der Zerstörung nicht unterwerfen. Es ist der »kleine Rest«, von dem die Schriften häufig schreiben.

Fassen wir zusammen, warum mich Pater Ernettis Experimente begeisterten. Ich bin häufiger nach Venedig zurückgekehrt, ich habe jedesmal wieder den kleinen Vaporetto genommen und an der kleinen unauffälligen Tür des Kloster San Giorgio Maggiore geklingelt. Wir haben wieder stundenlang über den Chronovisor und manche andere Themen diskutiert. Ich fühlte mich in gedanklicher Harmonie mit diesem Mönch, und er sich auch mit mir. Er gab mir einige seiner Bücher, und ich ihm meine. Er las meine Bücher »Damit der Mensch zu Gott werde« und »Die Toten sprechen mit uns«. Es gab zwischen uns einen so echten Austausch über die Probleme der Kirche oder über spirituelle Themen, wie ich ihn seit Langem nicht mehr erlebt hatte.

Kapitel II

Unbekannte Wellen

Nachdem ich Pater Ernetti kennengelernt hatte, machte ich auch meinerseits einige Entdeckungen. Doch vorweg: Ich habe den Beweis, dass die Geschichte mit dem Drahttonträger, auf dem die Stimme von Pater Gemellis Vater zu hören war, wahr ist. Natürlich war ich nicht anwesend, als das Ereignis stattfand, noch konnte ich Pius XII. befragen, ob die Geschichte, die Pater Ernetti erzählt hatte, stimmte. Heute weiß ich, dass die Stimmen unserer Verstorbenen Spuren auf Magnetbändern hinterlassen, die überall auf der Welt von tausenden Forschern bestätigt sind. Man kann die Stimmen der Toten sogar aus dem Lautsprecher von Radiogeräten oder am Telefon hören, man kann Bilder von ihnen auf dem Fernsehbildschirm sehen und man hat Computertexte »aus dem Nirgendwo« dokumentiert. Alle diese Phänomene werden als Instrumentelle Transkommunikation, ITK, zusammengefasst. Im Moment laufen weltweit einige seriöse wissenschaftliche Studien. Ich habe die bekanntesten Forscher aus aller Welt kennengelernt und hege keine Zweifel mehr an der Existenz dieser Phänomene. Der frühe Bericht von Pater Ernetti ist zweifelsohne glaubwürdig.

Auf ganz gewöhnlichen Tonbändern entstehen Nachrichten in Form von Sendungen oder Projektionen einer Kraft, deren Quelle, die weder unsere Sinne noch unsere Geräte wahrnehmen können. Sie gestaltet Gesichter und Landschaften auf Bildschirmen, oder sie greift direkt in ein Telefon oder in ein Computersystem ein. Sie umgeht den Computer und aktiviert unmittelbar den Drucker. (11) Wir wissen nicht, wie wir diese Kraft definieren sollen und auch nicht, woraus sie besteht, aber sie ist da. Wir erfassen ihre Wirkungen. Ich weiß, dass die Begriffe »Welle und Schwingung« in diesem Zusammenhang viele Wissenschaftler aufschreien lassen, ich werde sie aber trotzdem im Folgenden oft benutzen, weil man zurzeit keine anderen kennt. Auch die Radiowellen waren schon lange vorhanden, bevor wir wussten, wie wir sie auffangen oder erzeugen konnten.

Es scheint, dass andersartige Wellen existieren könnten, von denen wir nicht wissen, wie sie mit unseren Geräten zu messen sind. Aber konkrete Effekte können gemessen werden. Sie sind da! Das kann niemand leugnen. Diese Wellen stammen sicher zumeist von intelligenten Wesen und können in den weitaus meisten Fällen kaum von lebendigen irdischen Menschen erzeugt werden. Ihr Kontext beweist im Allgemeinen, dass sie von unseren Verstorbenen gesandt werden. Ich kann die notwendige vollständige

Beweisführung hier nicht durchführen. Ich kann die interessierten Leser und Leserinnen nur auf die in der Fußnote zitierten Bücher und fremdsprachliche Werke hinweisen.

Es ist so einfach zu sagen: »Wissen Sie, ich bin rational. An diese Geschichten glaube ich nicht.« Aber das weist nur auf tief liegende psychologische Blockaden hin und hat mit Rationalität nichts zu tun. Ein echter Rationalist ist vorsichtig, a priori skeptisch auch gegenüber dem Außergewöhnlichen, aber er ist nicht vollständig blockiert. Er bleibt offen, neugierig auf alles. Ich bin überzeugt, und die Erfahrung zeigt, dass man zum gleichen Schluss kommt wie ich, wenn man die ITK-Phänomene ein wenig ernsthaft studiert. Außerdem muss noch erwähnt werden, dass, auch wenn wir diese Wellen nicht beherrschen, es doch die jüngeren Fortschritte unserer Technik sind, die uns erlauben, die Mitteilungen zu empfangen, die uns das Jenseits schickt, und in der Mehrzahl der Fälle die anderen Hypothesen auszuschließen.

Die Existenz dieser »Wellen« ist verbindlich nachgewiesen, und es ist nicht mehr schwierig, eine gewisse Zahl von Zeugenaussagen zuzulassen, die bisher als Delirien oder Halluzinationen betrachtet wurden. Ich werde sie sehr verschiedenen Quellen zuschreiben, die sich am Ende vereinigen. Es sind zum Teil Erfahrungen christlicher und nicht-christlicher Mystiker, mediale Phänomene und Berichte von Personen, die während einer Nahtod-Erfahrung den Tod gestreift haben.

Die Vergangenheit wieder erleben

Hier ein erstes Beispiel, von dem ich glaube, dass man näher drauf eingehen sollte: Pierre Monnier war ein junger Offizier, der 1915 an der Front in der Argonne fiel. Nach dem Krieg wollte seine Mutter mit einem Kameraden ihres Sohnes zu dem Ort pilgern, an dem ihr Sohn gefallen war. Sie versuchten gemeinsam, die genaue Stelle zu finden, als plötzlich Frau Monnier, wie durch Geisterhand gezogen, gegen den Willen ihres Begleiters, eine andere Richtung einschlug. Nach einer Weile holte er sie ein und sagte: »Sie haben recht, hier war es«. Während einiger Minuten hatte Frau Monnier das seltsame Gefühl, sie höre und sehe etwas von der Schlacht, in der ihr Sohn gefallen war. Später bestätigte ihr Sohn den Vorfall in einer medialen Sitzung durch automatisches Schreiben: »Es bleibt immer ein unauslöschliches Bild in den Tafeln der Vergangenheit bestehen, das ihr sehen könntet. Eine Art ›Klischee‹ unseres Lebenslaufs bleibt dem geistigen Auge sichtbar. Gelegentlich erlebt ihr Beispiele, die ihr für Halluzinationen haltet. Doch sie sind absolut real und offenbaren sich ausnahmsweise manchen Menschen. Auf den Schlachtfeldern, liebe Mama, bestehen unsere Schatten weiter! Die Musik spielt die Marseillaise; die Fahne kräuselt sich im Wind. Aber es sind nur die langlebigen Schatten und nicht die objektive Wirklichkeit. Diese Phänomene sind eurer Wissenschaft noch unbekannt; sie sind aber von den (medialen) Sehern wahrgenommen worden, die auf einer geistigen Entwicklungsstufe stehen, die die anderen Menschen nicht kennen und missachten. Alles das umfasst die verschiedenen Wellen, von denen ihr umgeben seid, und hinterlässt ein unauslöschliches Bild, eine Fotografie ... Ihr werdet diesen Prozess in naher Zukunft verstehen.«

Dabei ergibt sich jedoch für den menschlichen Geist sogleich die Schwierigkeit, all diese Erklärungen anzunehmen. Sie liegt darin, dass Mme. Monnier all diese Wellen der Schlacht nicht als formlosen undefinierbaren Brei oder als Wellengemisch wahrgenommen hat, sondern wie das Ablaufen eines Films. Aber auch dazu gibt ihr der Sohn den Anfang einer Erklärung: »Ihr denkt an die Vielzahl der Szenen, die sich an ein und demselben Ort abgespielt haben. Es ist klar, dass euch der Prozess unbekannt ist. Es handelt sich um eine Variante der Telepathie, die ich als materiell bezeichnen möchte, um eine Wechselwirkung zwischen Wellen und Wellen, die einen Teilbereich einer Liste oder Tabelle freigibt und ihn in gewisser Weise stabilisiert. Dieser setzt sich durch Wellen in eine stimulierte, angeregte Bewegungen fort, die denen analog sind, die sie bei ihrer Entstehung durchflutet haben ... Eure Gehirne sind wie ein großes Bilderbuch, in dem ihr die Seiten eine nach der anderen umwenden könnt.

In dieser Anhäufung vielfacher Eindrücke herrscht keine Konfusion. Ihr erweckt einen nach dem anderen nach eurer Wahl zu Leben. Dasselbe gilt für das ›Gedächtnis der Natur‹, wenn ich diesen Euphemismus riskieren kann. Die Geschehnisse sind registriert, sie können nacheinander für kurze Zeit zurückgerufen werden. Sie sind aber auch geeignet, sich so oft zu wiederholen, wie man es verlangt. So ist es auch mit den Tönen ... mit unseren Stimmen, unseren Ausrufen, Befehlen, Gesängen und Fanfaren, mit den Geräuschen der Schritte oder dem Klicken der Gewehre und so weiter. Ihr könnt sie in eurer Erinnerung vollständig aktualisieren. Auch das ›Gehirn der Natur‹ erinnert sich und die klingenden Moleküle werden im Raum wie in euch wieder aktiv.« (12) Ein letztes Detail: diese Erklärungen stammen aus dem Jahr 1919!

Einige hinreichend ähnliche Fälle sind in den parapsychologischen Akten des Paranormalen berühmt ... Einer der bekanntesten ist wohl die Geschichte der beiden Engländerinnen, die glaubten, im Park von Versailles dem Phantom der Königin Marie Antoinette begegnet zu sein... (13) Aber es gibt viele andere. Im Süden Kretas stehen die Ruinen einer alten venezianischen Burg, genannt »Frango Kastelli«. Mehrere glaubwürdige fremde Zeugen behaupten, persönlich ein Phänomen verifiziert zu haben, das den Einheimischen gut bekannt ist. Wenn man sich im Frühjahr, bei Sonnenaufgang und Sonnenuntergang, bis fast zum Erdboden niederbeugt, kann man sehen, wie eine ganze Armee, ausgerüstet mit Brustpanzern und Helmen, Schildern und Lanzen, die Ruinen verlässt. Man nennt sie dort die »Drosuliten«, was so viel heißt wie »die Männer des Morgentau«. Man kann diese Truppe durchschreiten, ohne sie zu stören oder sich selbst unbehaglich zu fühlen. Ihre Erscheinung verschwindet im Allgemeinen, indem sie von unten her schichtweise verblasst. Zuerst verschwinden die Beine, dann ihre Brustpanzer und zuletzt die Helme. Ganz zum Schluss sind nur noch die Lanzenspitzen sichtbar. (14)

Hier erscheinen die wahrgenommenen Wellen an den Ort gebunden, an dem das Geschehen stattgefunden hat, aber nicht an die Zeit. Man kann es unter Berücksichtigung einiger Bedingungen heute noch, lange nach den Ereignissen, wahrnehmen. Es gibt auch Aussagen anderer Zeugen, die lange Zeit nach dem Ende der Kämpfe noch Schlachtgetümmel wahrgenommen haben. Diese Wellen scheinen manchmal einer leichten Verschiebung im Raum zu unterliegen. Die Phantomkämpfe können auch unter freiem Himmel stattfinden.

Im Fall Monnier beharrt Pierre auf der Tatsache, dass Seher oder Medien die Wellen sehr genau wahrnehmen können. C. G. Jung (15), dessen Großmutter mütterlicherseits und seine Tochter medial veranlagt waren, scheint 1924, in einer Frühlingsnacht in Bollingen etwas Ähnliches erlebt zu haben. Er hörte und sah im Halbschlaf eine Truppe junger Männer, schwarz gekleidet, wie Bauern am Sonntag, vor sich hinplappernd, laut lachend und singend bei Akkordeonmusik durch den Hof seines Gutshauses schreiten. Zweimal öffnete er die Fenster und die Fensterläden, um dann festzustellen, dass »die Nacht vom Mond erleuchtet war und Totenstille herrschte«. Der Platz war im Mittelalter ein Durchgangsort für junge Söldner gewesen, die von der Schweiz nach Mailand zogen, um sich beim ausländischen Militär zu melden. Hier war es vermutlich eine der Kolonnen, die sich jedes Jahr im Frühjahr trafen, um singend und feiernd »Urlaub von der Heimat« zu nehmen. Mir scheint, dass der Prozess, der Medien zu sehen und zu hören erlaubt, mit dem übereinstimmt, was uns Pierre Monnier durch seinen Geistkörper schon 1919 sagte.

Der Fall von C. G. Jung ist in der Hinsicht außergewöhnlich, dass die jungen Leute durch die geschlossenen Fenster und Läden wahrgenommen wurden. Jung sah sie also mit dem »geistigen Auge«, so wie es uns Pierre Monnier erklärte. Das heißt, dank der Fähigkeiten seines geistigen, subtilen oder ätherischen Körpers, der den Vorbeimarsch der jungen Söldner wahrnehmen konnte. Jedes Mal, wenn er die Fenster öffnete und die Männer mit seinen fleischlichen Augen sehen wollte, sah er nichts mehr. Zweifellos befand sich sein geistiger Körper zu dieser Zeit auf der gleichen Schwingungsebene wie die Szenen der Vergangenheit, und allein dieser Körper konnte sie sehen! Wahrscheinlich hätte ein anderer Mensch zur gleichen Zeit im gleichen Zimmer nichts gesehen. Dagegen könnte ein Fotoapparat vielleicht etwas aufgenommen haben, denn gegenwärtig häufen sich Fälle, in denen ein Film mit Gesichtern oder Silhouetten imprägniert wird, die im Moment der Aufnahme niemand wahrgenommen hatte. (16)

Der Wahrnehmungsvorgang scheint zu erlauben, die Ereignisse der Vergangenheit an dem Ort, wo sie sich abgespielt haben, wieder zusammenzufügen, aber manchmal auch andernorts. Dies ist beispielsweise bei den stigmatisierten Heiligen der Fall, die Christi Leiden » wieder erleben«. Es stimmt, dass ihre Visionen, die mit einer Teilnahme an den Schmerzen Christi einhergehen, von Fall zu Fall sehr verschieden sind. Es scheint, dass der eigene Kontext jedes Stigmatisierten gewisse Störungen erzeugt. Es scheint, dass Therese Neumanns Visionen dem Ereignis der Kreuzigung am nächsten kommen. Sie nahm in ihren Visionen nicht immer den gleichen Standpunkt ein, sie vermochte an einem Freitag (dem Tag der Kreuzigung) Ereignisse zu hören und zu sehen, die sie an den vorangegangenen Tagen nicht hatte wahrnehmen können, im übrigen hörte sie alles auf Aramäisch!

Dennoch besitzen all diese Visionen der Leidensgeschichte eine gemeinsame Charakteristik: sie werden fern von Jerusalem, fern des tatsächlichen Ortes des Geschehens erlebt. Für denjenigen, der die Leidensgeschichte im Spiel der Bilder wieder erlebt, findet also eine Art psychologischer Versetzung an den Ort des tatsächlichen Ereignisses statt, was vielleicht noch erstaunlicher ist, da auch eine zeitliche Verschiebung stattfindet, da diese Mystiker die Ereignisse wieder, ohne in einem Augenblick zu wissen, was im nächsten passieren wird. Alles geschieht so, als ob die wahrgenommenen »Wellen« die Information an den Ort und in die Epoche des Leidens Christi transportieren würde. Das wurde auch in der Art deutlich, in der Natuzza Evolo, eine italienische Stigmatisierte, die ich persönlich kennenlernen durfte, die Leidensgeschichte wieder erlebt. (17)

Viele Medien stehen in Verbindung mit einem jenseitigen »Führer«, mit einer Entität, einem Geistwesen, das sie unterstützt, ihnen Dinge zeigt oder Botschaften übermittelt. Oft erklärt das Medium, »man zeigt mir« oder »man sagt mir« dieses oder jenes. Damit ein Medium etwas hören und sehen kann, muss die Information zwischen ihm und seinem Führer einen materiellen Träger auf einer Ebene passieren, die andere Menschen nicht wahrnehmen.

Natuzza Evolo zum Beispiel beruft sich fortwährend auf das, was ihr »Schutzengel« sie hören und sehen lässt. Man kann sie in jeder beliebigen Sprache befragen. Augenscheinlich versteht sie kein Wort von dem, was man ihr sagt, aber sie »hört« die Antwort ihres Schutzengels in der gleichen Sprache und versucht, die Laute zu reproduzieren, ohne sie – ebenso wie die ursprüngliche Frage – zu verstehen. Die Rat suchenden Fragesteller aber verstehen die Antwort. Dieses Phänomen kann sich in verschiedenen Varianten abspielen: »Manchmal verstehe ich auch die Fragen, die mir in Fremdsprachen gestellt werden, aber nur, weil mir mein Engel, das, was eine bestimmte Dame auf Französisch gesagt hat, beispielsweise auf Italienisch wiederholt. Er gibt mir die Antwort, die ich vermitteln soll, aber ich selbst verstehe nicht, was ich sage.«

Zum anderen, und das ist für mich weitaus interessanter, scheint ein Medium unmittelbar zu »sehen« und zu »hören«, als ob es »fernwahrnehmen« könnte. Ich weiß recht gut, dass ein Medium, auch ohne sich dessen bewusst zu sein, in telepathischem Kontakt mit seinem Klienten oft nichts anderes wahrnimmt als das, was dieser »im Kopf« hat. Aber auch hierbei handelt es sich um »Wellen«, die erfasst werden. Außerdem scheint ein Medium oft etwas sehen zu können, was sein Klient weder jemals gesehen hat, noch sehen kann. Mit anderen Worten, es gibt vielleicht auch Restwellen, Wellen der Vergangenheit, die an jenen Orten verharren, an denen sich das Ereignis abgespielt hat, wie es Fall der Schlacht zu sein scheint, die Mme. Monnier wahrgenommen hat, und irgendjemand, auch ohne medial zu sein, an Hand gewisser außergewöhnlicher Umstände wahrnehmen könnte. Das würde beispielsweise für die Wellen der Drosoliten gelten, die man nur zu bestimmten Jahreszeiten und Stunden wahrnimmt, vielleicht begünstigt durch eine besondere Temperatur oder Feuchtigkeit. Es könnte aber auch Wellen geben, die von Medien außerhalb des Raumes, in dem sie ursprünglich entstanden sind, wahrgenommen würden, da die Entfernung nicht zählt. Der Chronovisor fing Wellen ein, die weit entfernt stattgefundenen Ereignissen entsprachen. Pater Ernetti brauchte mit seinem Gerät nicht in Jerusalem zu sein, um den Leidensweg Christi einzufangen.

Sich an die Zukunft erinnern

Noch fantastischer ist, dass anscheinend unter gewissen Umständen die Wellen aus der Zukunft eingefangen werden könnten, bevor ein Ereignis sie erzeugt hat. 1574 beobachteten fünf Soldaten in Utrecht gegen Mitternacht eine Schlacht am Horizont, die tatsächlich erst zwölf Tage später stattfand. Ihre Beschreibung war so genau, dass sie keinen Zweifel (an der Genauigkeit) zuließ. Man muss zur Kenntnis nehmen, dass die wahrgenommenen Wellen in diesem exakten Fall den Ereignissen an dem Ort vorauseilten, an dem das Ereignis später stattfinden sollte. Es handelte sich also um Wellen, die völlig außerhalb der Zeit, aber nicht außerhalb des Raumes wahrgenommen wurden. (18) Ich verstehe durchaus, dass ein historischer, allein stehender Fall nicht ausreicht, um die »Welt« zu überzeugen. Aber wir haben auch Beispiele aus der jüngeren Zeit: Mutter Yvonne-Aimée von Jesus, eine Klosterfrau aus Malestroit in der Bretagne, hatte Visionen, die nicht an Raum und Zeit gebunden waren. Ihr spiritueller Leiter hatte die Wichtigkeit ihrer Visionen vermutet und ihr im »Namen des heiligen Gehorsams« befohlen, sie ihm getreu und detailliert zu schildern. Sie notierte die meisten ihrer Berichte in Briefen, die mit dem Poststempel erhalten sind. Es besteht also kein Zweifel an der Authentizität der Phänomene. Am 29. September 1923 schrieb sie beispielsweise folgenden Brief an ihren Klostervorsteher:

»Oh! Ich vergaß, Ihnen eine seltsame Angelegenheit zu berichten. Ich habe im Zug geschlafen und hatte ich einen merkwürdigen Traum … wenn man ihn merkwürdig nennen darf. Es ist ziemlich traurig, dass ich es sagen muss und es mich viel Überwindung kostet, Ihnen solche Dinge zu berichten. Ich sah mich als Klosterfrau und Reisende. Ich war in Augustine und sah Flugzeuge große Zylinder auf die Züge und Bahnhöfe werfen; ich sah grün bekleidete Männer ein- und aussteigen. Ich möchte sagen, sie trugen Uniformen aber das Ganze erinnerte in Nichts an unsere (französischen) Soldaten. Ich schreckte aus dem Schlaf auf. Dann hielt der Zug an, ganz normal …«

Als sie dies schrieb, war Mutter Yvonne noch nicht endgültig Nonne im Kloster von Malestroit. Die Augustinerinnen leben sehr kontemplativ und reisen normalerweise nicht. Dieser »Traum« war nicht geeignet, ihren Beichtvater geneigt zu machen. Man muss dazu erwähnen, dass die deutsche Armee 1923 ihre berühmten grüngrauen Uniformen noch nicht eingeführt hatte. Man könnte natürlich auch annehmen, dass diese vollkommen

authentische Vision eher aus allgemeinen Bildern zusammengesetzt war, und dass sie eher weniger eine unscharfe Zukunft repräsentierte als exakt mit Ereignissen an einem bestimmten Ort übereinzustimmen. Aber das kann für die folgende Episode nicht gelten, die am 25. März 1929 ihrem Klostervorsteher in folgendem Brief mitteilte:
»Ich hatte letzte Nacht einen seltsamen Traum. Dieses Mal frage ich mich, ob ich nicht halbwegs verrückt bin. Ich sah mich vor der Klinik des Klosters stehen (19), umgeben von vielen Klosterfrauen. Es schien ein Feiertag zu sein, es war schönes Wetter. An meiner Brust steckten 4 oder 5 Medaillen, darunter eine der Ehrenlegion. Ich stand in der Mitte der Klosterfrauen und schien ihre Oberin zu sein. Ein hochgewachsener Offizier kam auf mich zu, um mir zu gratulieren. Auch eine andere Schwester trug einen Orden. Ich nahm hinter mir eine junge Stimme wahr, die sagte : ›Hör gut zu Yvonne-Aimée, denn du wirst dich später an alles erinnern und dies wird deine Stärke sein. Höre zu…‹«

Alles traf ein. Die Szene ist sogar gefilmt worden. Am 7. August 1949 erhielt die Klinik des Klosters das Kriegsverdienstkreuz. Der General Audibert legte es Mutter Yvonne-Aimée (Abb. links), die zwischenzeitlich Oberin des Klosters und Generaloberin der Augustinerinnen geworden war, an. Alle Schwestern waren an jenem Tag versammelt. Mutter Yvonne-Aimée erhielt für ihre Verdienste insgesamt 5 Auszeichnungen, darunter einen der Ehrenlegion, die General de Gaulle ihr am 22. Juli 1945 in Vannes verliehen hatte. Und am 7. August 1949 empfing sie als 6. die englische »Kings Cross Medal«. Am selben Tag wurde auch Schwester Marguerite Touin für ihren Dienst in der Klinik ausgezeichnet. Alles dies ereignete sich so, wie Schwester Yvonne es vorher gesehen hatte. (20)

Wir sollten die Zukunftsvisionen der Mutter Yvonne-Aimée auch an die Erlebnisse jener Menschen heranrücken, die ein Nahtod-Erlebnis hatten. Sie waren anscheinend kurzzeitig bewusstlos und machten an den Grenzen des Todes eine außergewöhnliche Erfahrung In einem gewissen Moment sahen sie ihr vergangenes Leben. Es ist aber auch vorgekommen, dass einige von ihnen etwas erlebt haben, was man als kurze blitzartige Einblicke in ihre Zukunft bezeichnen könnte. Ich berichte hier in Kürze einen der charakteristischsten Fälle, den ich Kenneth Ring, einem der größten Erforscher dieses Gebietes entlehne. Es handelt sich dabei um einen zehnjährigen Engländer, der 1941 wegen einer hoch akuten Blinddarm- oder Bauchfellentzündung in die Notaufnahme eingeliefert wurde. Während seiner Genesung tauchten nach und nach seltsame Erinnerungen in seinem Bewusstsein auf, »seltsam« deswegen, weil sie seine Zukunft betrafen. Etliche Jahre später, als er in Amerika lebte, zeichnete er seine Erfahrung auf. Ich beschränke mich in unserem Zusammenhang auf das Wesentliche, was mit unserem Thema »Erinnerung« zu tun hat:

»Ich erinnere mich sehr lebendig, auf einem Stuhl gesessen zu haben, von dem aus ich zwei Kinder auf der Erde sah, zwei Kinder, die vor mir auf dem Boden spielten. Und ich wusste, dass ich verheiratet war, obwohl es in dieser Vision kein Anzeichen für die Person gab, mit der ich zusammen war. Eine verheiratete Person weiß, wie es sich anfühlt, verheiratet zu sein, einem Kind ist das nicht möglich. Ich hatte die Erinnerungen an etwas, das erst in 25 Jahren stattfinden würde. Dabei handelte es sich jedoch nicht um ein ›Sehen der Zukunft‹ im üblichen Sinn. Ich machte die Erfahrung der Zukunft; die Zukunft war jetzt«. Der Berichter erstellte einen genauen Plan des Zimmers, in dem sich die Szene abgespielt hatte, und fuhr fort:

»In dieser ›Erfahrung‹ sah ich direkt vor mich und nach rechts, wie ich es im Plan eingezeichnet habe. Ich konnte nicht nach links sehen. aber ich wusste, dass dort an der Wand die Person saß, die ich geheiratet hatte. Die Kinder, die auf dem Boden spielten, waren ungefähr vier und drei Jahre alt. Das ältere war ein schwarzhaariges Mädchen, das jüngere hatte blonde Haare, und ich dachte, es sei ein Junge. Es stellte es sich jedoch heraus, dass es zwei Mädchen waren. Ich wusste außerdem, dass sich auf der anderen Seite der Mauer etwas sehr Seltsames befand, das ich ganz und gar nicht verstand. Die ›Erinnerung‹ kam 1968 eines Tages schlagartig zurück, als ich lesend auf einem Stuhl saß und die Augen hob, um einen Blick auf die Kinder zu werfen. Es wurde mir klar, woraus das ›Souvenir‹ aus dem Jahr 1941 bestand, und erst danach begann ich zu realisieren, dass diese seltsamen Erinnerungen einen Sinn hatten ... Das fremdartige Object jenseits der Mauer war eine Warmluftheizung. Solche Geräte waren nicht in Benutzung und meines Wissens, gibt es sie auch heute in England noch nicht. Daher konnte ich sie niemals einordnen.« (21)

Das Problem mit den Zukunftsvisionen

Es scheint, dass Zukunftsvisionen, die der Betroffene eigentlich erst Jahre später erleben sollte, in den geschilderten Fällen vollkommen klar waren, fast wie eine Fotografie. Aber dieser Erfahrungsbereich kennt mehrere Varianten. Die Gegebenheiten sind nicht immer so einfach. Unter den etwa 20

Fällen, die Kenneth Ring bis zum Schreiben seines Buches zahlenmäßig erfasst hat, erweisen sich einige als Visionen schrecklicher Unglücke, die kurz vor dem kritischen Moment in Form von Träumen empfangen wurden. Die Person konnte dem Unfall jedoch durch die vorher gesehene Vision entgehen. Aber jedes Mal wurden die anderen Personen, die von einer derartigen Warnung nicht profitieren konnten, zu Opfern dieser Unfälle, zum korrekten Zeitpunkt, am »richtigen« Ort und gemäß den Umständen, die während der Nahtod-Erlebnisse gesehen worden waren.

Solche Visionen, die formal ebenso präzise sind wie die des jungen Engländers mit seinen Kindern, entsprechen jedoch keineswegs immer einem vorhergesehenen Ereignis, das der Betroffene auf jeden Fall tatsächlich erleben wird, sondern dem Ablauf eines virtuellen Ereignisses, in das er allenfalls hätte verwickelt werden können. Es waren also keine Wellen, die vom Geschehen selbst stammten, sie stammten vielmehr aus einem Bereich der Nichtraumzeit, in den sie als Möglichkeit eingeprägt waren, aus dem sie eingefangen wurden und den Betroffenen unfehlbar hätten treffen müssen. Die empfangenen Wellen entsprachen also einem Ereignis, das nur in einer eventuellen Zukunft des Betroffenen realisierbar gewesen wäre. Waren sie wie synthetische Bilder von einer wohlwollenden Entität zusammengefügt, der beauftragt war, den Betroffenen zu schützen, oder muss man an dieser Stelle die Hypothese der Parallelwelten heraufbeschwören, die in jedem Augenblick um uns herum entstehen? Entsprechen sie den Optionen, die sich uns darbieten, und unter denen wir in jedem Augenblick wählen müssen?

Kommen die Wellen, die wir während einer Nahtod-Erfahrung außerhalb unserer Raumzeit empfangen, aus der Zukunft oder sind sie nur zukünftige Möglichkeiten? Auf jeden Fall handelt es sich notwendigerweise um Wellen. Auch Kenneth Ring zieht die Parallelweltenhypothese ernsthaft in Betracht. Er berichtet einen Fall, der diese Möglichkeit zu bestätigen scheint. Es handelt sich um eine junge Frau, die 1956, im Alter von 12 Jahren, beinahe ertrunken wäre. Sie erlebte eine außerkörperliche Erfahrung, schwebte über ihrem Körper und war damit beschäftigt, ihn zu retten. Gleichzeitig nahm sie »drei Wege wahr, die in die Zukunft führten … Jeder stellte eine Alternative aus Ereignissen dar, die ich sah«. Sie nannte sie »Zukunft A, B und C«. Die Zukunft A, so schreibt Kenneth Ring, war die Welt, die sich entwickelt hätte, wenn gewisse Ereignisse zur Zeit des Pythagoras, vor 3.000 Jahren, nicht stattgefunden hätten. Diese Zukunft war friedvoll und harmonisch, gekennzeichnet durch die Abwesenheit von Religionskriegen und durch Jesus Christus. Die Zukunft B entsprach dem klassischen Szenario der prophetischen Visionen. Die Zukunft C war eine destruktivere Version als

B. Die Zukunftsmöglichkeiten B und C schickten ihr zeitgleiche Bilder, die vom Ende des 19. Jahrhunderts bis 1956 reichten. Einige waren gleichartig, zeigten jedoch unterschiedliche Verläufe. Das Mädchen war sich der drei zukünftigen Potenziale bewusst, von denen sich auf der Erde für sie noch zwei verwirklichen könnten «. (22)

Zugang zur vollkommenen Erkenntnis

Wie man am letzten Fall erkennen kann, sind die Zukunftsvisionen nicht nur auf das persönliche Leben des »Sehenden« beschränkt. Das Phänomen kann ein außergewöhnliches Ausmaß annehmen und sich auf das ganze Universum erstrecken. Wir haben dann keine direkte Möglichkeit, zu prüfen, ob die vorhergesehene Zukunft sich in der Folge verwirklicht, und dies umso mehr, wenn diejenigen, die man für »klinisch tot« hielt, unmittelbar nach der Rückkehr ins Wachbewusstsein alles vergessen haben. Hier ist eines von vielen Zeugnissen:
»Es ereignete sich, so glaube ich, sofort nach dem Ablauf meiner Lebensrückschau. Ich hatte plötzlich das Gefühl, das allumfassende Wissen von allem zu besitzen, was seit Beginn der Welt stattgefunden hatte, und von allem, was noch im Unendlichen stattfinden würde. Eine Sekunde lang schien ich Zugang zu allen Geheimnissen aller Zeiten zu haben, zur Bedeutung des Universums, der Sterne, des Mondes - zu allem! Aber ab dem Moment, in dem ich mich für die Rückkehr ins Leben entschied, entfloh mir dieses Wissen, und ich habe nichts davon behalten«. Es scheint sich in diesen Fällen nicht wahrhaft um eine Vision von Ereignissen wie in einem Film zu handeln. Das Universum ist bei weitem zu groß, und selbst unser kleiner Planet enthält zu viele Eindrücke für eine derartige Visualisierung. Trotzdem wurde eine Information mitgeteilt, und es muss da wohl eine Art Datenträger geben, in dem alle Ereignisse dieser Welt, ob klein oder groß, archiviert sind «. Das bezeugt auch der Rest der Aussage. Dr. Moody, der versuchte, das Phänomen besser einzuordnen, fragte den Zeugen, in welcher Form ihm dieses Wissen übermittelt wurde und dieser antwortete: »In allen möglichen Bildern, Tönen und Gedanken. Es war irgendetwas und alles. Als ob nichts unbekannt bliebe. Alles Wissen war da, nicht nur einige Aspekte: Alles!« (23)

Andere Zeugen sprechen eher von einer Möglichkeit alles zu erfahren, als von einer totalen Erkenntnis. »Wissen und Informationen sind vorhanden und stehen unmittelbar zur Verfügung, das gesamte Wissen. Man atmet das Wissen ein ... Man kennt plötzlich alle Antworten ... Es ist, als würde man seine ganze Aufmerksamkeit auf einen Punkt dieser

Unterweisung richten und plötzlich entspringt dieses Wissen automatisch diesem Punkt. Als ob man an einem Dutzend Schnelllesekursen gleichzeitig teilgenommen hätte«. Wieder ein anderer Zeuge versucht sein Erlebnis folgendermaßen zu beschreiben: »Es gab einen Moment im Verlauf dieser Geschichte, wie soll ich es sagen … ? Es war, als ob ich das Wissen über alles besessen hätte. Für einige Momente war keine Kommunikation mehr nötig. Ich hatte das Gefühl, dass alles, was ich jemals wissen wollte, sofort erkannt werden könnte.« (24)

Dr. Kenneth Ring

Tom Sawyer

So war es auch im Fall von Tom Sawyer, einem kleinen städtischen Angestellten, der bei der Reparatur eines Kleintransporters fast erstickt wäre, als dieser ihm auf die Brust fiel. Nachdem er seine Begegnung mit einem Lichtwesen ausführlich beschrieben hatte, fügte er hinzu:
»Die zweite, ebenfalls wunderbare Erfahrung besteht darin, dass man sich bewusst ist, plötzlich in Kontakt mit dem absoluten totalen Wissen zu sein. Es ist schwer zu erklären … Man denkt eine Frage und kennt unmittelbar die Antwort. Nichts einfacher als das. Es kann sich um jede beliebige Frage handeln, die sich auf alles Mögliche bezieht, sogar auf ein Thema, von dem man keine Ahnung hat, und demzufolge gar nicht verstehen kann; das Licht gibt einem instantan die richtige Antwort und lässt sie verstehen«. (25)

Manchmal werden diese flüchtig wahrgenommenen Erkenntnisse nicht vollständig gelöscht. Zuerst verbleibt eine tiefe Sehnsucht (nach diesem Zustand) und dann steigen gewisse verschwommene Erinnerungen in Form von Intuitionen an die Oberfläche des Bewusstseins. Genau so war es bei Tom Sawyer, der kaum die Chance gehabt hatte, viel zu studieren und sich nach seiner Begegnung mit dem Lichtwesen für die Quantenphysik begeisterte. Naturgemäß musste er alles lernen, oder besser von neuem lernen, denn während er sich nach und nach in die Spezialliteratur vertiefte, hatte er seltsamerweise den Eindruck, die entschwundenen Erinnerungen wieder zu finden.

Hier ist das Zeugnis seiner Frau in einem Brief an Kenneth Ring:
»Oft spricht er ein Wort, das er zuvor in unserer Welt nie gehört hat. Manchmal ist es ein Fremdwort, aber er versteht, dass es mit der Lichttheorie zusammenhängt. Er spricht von Überlichtgeschwindigkeit, und für mich ist das schwer zu erstehen. Wenn Tom ein Physikbuch zu lesen beginnt, würde man sagen, dass er schon alles kennt, was darin steht, und dass er das Kommende vorausahnt.«

Als ich Tom Sawyer vor einigen Jahren in Charlottesville auf einem Kongress der IANDS über Nahtod-Erfahrungen kennenlernte, arbeitete er zusammen mit Universitätsprofessoren an kosmologischen Modellen, speziell für Galaxien und ringförmige Galaxienhaufen. Die Medien sind praktisch gezwungen, über das nachzudenken, was sie täglich erleben. Ihre Meinung erscheint mir besonders interessant, vor allem, wenn sie von einem hervorragenden »Sensitiven« kommt.

Der mediale Holländer Gerard Croiset (Abb. links) ist wohl einer der Begabtesten unseres Jahrhunderts. Er ist besonders bekannt dafür, hunderte Male den »leeren Stuhl Test« durchgeführt zu haben: Man entwarf den Plan eines Theater- oder Konferenzsaals mit nummerierten Stühlen. Dann bat man Croiset, die Person zu beschreiben, die zum Beispiel an einem vorbestimmten Tag auf dem Stuhl Nr. 39 sitzen würde. Er war zu einer Menge präziser Aussagen über diese Person fähig, ihr Alter, ihre familiären Beziehungen, ihre Berufstätigkeit, was sie am selben Tag vor der Veranstaltung unternommen hatte, und so weiter. Aber dieser ausgezeichnete Sensitive war auch für seine Fernheilungen bekannt. Er wurde von den bekanntesten Parapsychologen in Europa, den Vereinigten Staaten und Japan untersucht. Er beschreibt die Funktion seiner außergewöhnlichen Fähigkeiten folgendermaßen:
»In meinen Augen stellt sich das Universum als einzigartiges Netz dar, als eine Art Sphäre, die die Gesamtheit dessen, was existiert, beinhaltet. Auch wenn in unserer Sicht (Augen) Unordnung oder Ungleichgewicht herrschen, ist Harmonie das ›Gesetz des Ganzen‹. Wenn die universelle Ordnung an einem Punkt gestört ist, wird diese Verwirrung an einer anderen Stelle ausgeglichen. Wenn eine Person irgendwo der Hilfe bedarf, kann ich ihr von dort, wo ich mich gerade befinde, gemäß der Möglichkeiten, über die ich verfüge, das geben, was ihr fehlt, um zur Ruhe zu kommen. Ob es sich

darum handelt, eine verlorene Person wieder zu finden oder einen Kranken zu behandeln, es geht immer um Hilfe für jemanden, ohne sich von den Grenzen der Zeit, von der Entfernung oder von scheinbaren Unmöglichkeiten aufhalten zu lassen. Der Sensitive ist nichts als ein Vermittler und Fürsprecher der positiven geistigen Ströme, die das universelle Gleichgewicht aufrechterhalten«. (26)

Ich entnehme dem bisher Geschilderten zwei grundsätzliche Erkenntnisse, die mir vielleicht geeignet erscheinen, uns zu helfen, eines Tages besser zu verstehen, auf welche Weise ein Gerät wie der Chronovisor funktionieren könnte: Die Vorstellung eines einzigartigen, unvergleichlichen Netzes, einer Art Sphäre, welche die Gesamtheit des »Alles-was-ist« einschließt, und die Idee positiver geistig-spiritueller Ströme, welche das universelle Gleichgewicht aufrecht erhalten.

Ein Chronovisor ohne Apparat

Ich werde nun die Darlegung einiger paranormaler Fälle, welche die Existenz dieser »Wellen« absolut bestätigen, mit einem der eklatantesten Fälle aus allen Archiven der Mystik abschließen.

Anna Maria Taîgi

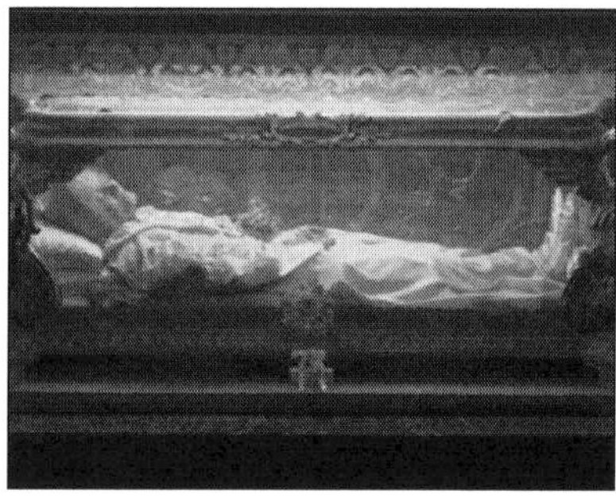

Ihr Körper wird im Crisogono in Rom aufbewahrt.

Es handelt sich um eine italienische Heilige, verheiratet, Mutter von sieben Kindern, eine schlichte Schneiderin in Rom. Ihr Name war Anna-Maria Taîgi. Im Jahre 1790, im Alter von 27 Jahren, empfing sie eine außergewöhnliche Gabe, die sie bis zu ihrem Tod 47 Jahre lang ausübte. Sie sah vor sich, etwas oberhalb ihres Kopfes, eine kleine Lichtkugel, wie eine Sonne, mit einem Dornenkranz, in der eine Frauengestalt in Meditationshaltung saß ... usw. Ich übergehe die Einzelheiten dieser Gestalt und übernehme hier nur das, was in unserem Zusammenhang von Interesse ist.

Ich berufe mich dabei auf das Zeugnis des Kardinals Pedicini, das in den Akten des 7200 Seiten umfassenden Seligsprechungsprozesses niedergelegt ist. »47 Jahre lang, bei Tag und Nacht, in ihrer Unterkunft, in der Kirche, auf der Gasse, sah sie, zunehmend deutlicher, in dieser kleinen Sonne alle physischen und moralischen Angelegenheiten dieser Erde. Sie durchdrang die Abgründe und erhob sich in den Himmel, wo sie das Schicksal der Verstorbenen wahrnahm. Sie sah die geheimsten Gedanken anwesender oder entfernter Menschen, die Geschehnisse und Persönlichkeiten der vergangenen Jahrhunderte. ... Das, woran sie dachte, erschien klar und vollständig vor ihr ... Durch einen einzigen Blick auf diese mystische Sonne betrat sie nach Belieben die geheimsten Räume der Herrscher. Sie sah die Orte, sie sah die Personen, welche die Geschäfte und Prozesse durchführten, ihre politischen Meinungen, die Ehrlichkeit und Doppelzüngigkeit der Minister, die gesamte Untergrundpolitik unseres Jahrhunderts, und ebenso die Dekrete Gottes, um die großen Persönlichkeiten zu entlarven. Sie sah Verschwörungen und die finsteren Versammlungen verschiedener Sekten, sie sah deren Mitglieder, ihre Grade und Zeremonien, all dies im kleinsten Detail, in allen Teilen der Welt, so als würde sich alles in ihrem Zimmer abspielen ... Man kann sagen, dass es die Gabe der Allwissenheit war. Es war die Erkenntnis von allem in Gott, soweit die menschliche Intelligenz in diesem Leben dazu fähig ist ... Sie sah untergehende Schiffe auf den fernen Ozeanen, sie hörte den Hilferuf der Schiffbrüchigen, sie drang in die Kerker der Chinesen und Araber...«

Ich füge noch schnell etwas Wichtiges hinzu: Anna-Maria sah in dieser Sonne gleichermaßen deutlich die Zukunft wie die Vergangenheit, »manchmal in wirklichkeitsgetreuen, manchmal in allegorischen Bildern. Manchmal erklärte ihr der Herr ein Symbol, manchmal auch nicht.« (26) Die zahlreichen Beispiele in dieser kurzen Beschreibung von ihr zeigen, dass sie sich niemals irrte. Die Kardinäle und selbst der Papst zögerten nicht, sie zurate zu ziehen.

Man hatte tatsächlich den Eindruck, sie sei ein lebender Chronovisor, ohne technisches Gerät. Eine Einzelheit interessiert mich besonders: Es genügte Anna-Maria, an einen Ort oder an eine Person zu denken, und schon fokussierte eine Art automatische Regelung ihre Wahrnehmung auf das gewünschte Objekt bzw. die gewünschte Person. Das gleiche Phänomen kennen wir auch von den spontanen außerkörperlichen Erfahrungen, die etwa bei Autounfällen auftreten oder auch durch kontrollierte Anwendung verschiedener Techniken gemeistert werden können. (27)

Auch dabei genügt es, an etwas oder an jemanden zu denken, und schon befindet sich der spirituelle, ätherische, energetische oder wie auch immer genannte Körper unvermittelt unsichtbar neben der Zielperson, ohne einen Raum durchschreiten oder eine Distanz überwinden zu müssen. Wohlgemerkt: bei dieser Art zu »reisen« weiß allein die aktive Person, dass sie ihren Ort verändert hat. Die anderen können sie nicht sehen, es sei denn, sie sind medial. Das gilt auch für die Phänomene der »Bilokation«, aber dabei materialisiert sich der spirituelle Körper, sodass jeder ihn sehen kann, und das Medium agiert gleichzeitig an zwei Orten. Natuzza Evolo, eine zeitgenössische italienische Mystikerin, die ich persönlich kennenlernte, stellt das klar und deutlich dar:

»Es ist noch gar nicht lange her, da ›ging‹ ich nach Genf und ein anderes Mal nach London. Die Reise schien keine Zeit in Anspruch genommen zu haben. Ich befinde mich augenblicklich dort, wo ich ankommen soll, egal, wie weit entfernt es ist. Wenn ich jemanden besuchen möchte, stehe ich augenblicklich in dem Zimmer, in dem sich die Person befindet oder – häufiger – in einem angrenzenden Raum. Ich öffne die Tür und schließe sie, wenn die Aktion beendet ist. Ich habe niemals den Eindruck gehabt, Mauern oder Trennwände zu durchqueren. Ich befinde mich unmittelbar dort, wohin ich gehen soll. Manchmal begebe ich mich auf eine Straße oder ins Freie. Wenn ich auf diese Art reise, beobachte ich die Objekte nie von oben, als wenn ich fliegen würde. Ich glaube, die Reise findet nicht in der physischen, sondern in der spirituellen Welt statt.« (28)

Auch hier hat man den Eindruck einer gewissen »Einstellung«, die automatisch an den Ort und zu der Person hinführt, die erreicht werden sollen, es sei denn, es handelt sich um den Eingriff einer jenseitigen Wesenheit, wie bei Natuzza Evolo, die auf ihren Reisen immer von einem »Führer, Engel oder Geist« begleitet wird.

Ein weiteres Detail in den Visionen der Anne-Maria Taîgi scheint dies zu bestätigen. Wie bei Pater Ernettis Chronovisor geht es um die Größe der wahrgenommenen Bilder. Es gab Bewegung und Ton in diesen Visionen, doch sie blieben klein, wahrscheinlich waren sie noch kleiner als die des Chronovisors. Es handelt sich also nicht um das direkte Erfassen des Ereignisses oder der Personen. Zwischen den wirklichen Geschehnissen und denen der Vision liegt die Mystik. Eine Verkleinerung des Formats und eine Veränderung des Blickwinkels finden statt. Vielleicht muss man hier an Eingriffe der Geister von Verstorbenen erinnern, den Jean Prieur im Hinblick auf die Psychometrie als spezielle Form der Medialität erwähnt, die aber auch gut zu den anderen Formen der Medialität zu passen scheinen:

»Ich meinerseits glaube, dass es die Jenseitigen sind, die uns diese Bilder, die Musik und die Klänge darbieten und uns all diese unerwarteten Informationen übermitteln. Wir sind in den kosmischen Ozean eingetaucht, in dem zahllose Informationsströme pulsieren, die sich nicht vermischen und sich unserer Psyche in verschiedenste Weise mitteilen «. (29)

Man bemerkt, dass die von Jean Prieur vorgeschlagene Erklärung nicht derjenigen widerspricht, die wir bei Gerard Croiset gefunden haben. Es gibt ein »einzigartiges Informationsnetz«, in dem sich die Gesamtheit des Alles-was-ist befindet. Diese Informationen vermischen sich nicht. Aber es muss »jemand« da sein, der diejenigen auswählt, die uns interessieren, und auch den Blickwinkel wählt, unter dem wir sie wahrnehmen werden. Das erinnert zweifellos an die »Lebensrückschau« im Sterbevorgang. In den meisten Fällen sehen wir die Ereignisse nicht aus der Perspektive, die wir erlebten. Wenn man einen Augenblick der Gegenwart wieder erlebt, in dem man in seinem Sessel sitzt oder mit einem Buch in den Händen in seinem Bett liegt, sieht man die Szene nicht wie eine einfache Wiederbelebung der tatsächlichen eigenen Wahrnehmungen. Man sieht sich als Ganzes von außen, vom Standpunkt einer anderen Person, die einen beobachtet und die einem in diesen Augenblick ihre Erinnerungen erleben lässt. Aber wer wählt den Blickwinkel aus? Oft schreibt man diese Wahl hypothetisch dem Lichtwesen oder, genauer gesagt, einem jenseitigen Geist zu, dem man am Ende des »Tunnels« begegnet ist. Kamen auch Anna-Marias Visionen unter der Leitung eines Geistwesens zustande? Funktionierte auch Pater Ernettis Chronovisor auf diese Weise, zumindest, bis er das geplante Ziel erreicht hatte? Waren es vielleicht sogar Geister aus dem Jenseits, die ihn zu diesem Forschungsgebiet leiteten, ohne dass er sich dessen bewusst war? Beim jetzigen Stand der Dinge sind alle Hypothesen erlaubt, aber leider nicht überprüfbar.

Kapitel III

Aus Sicht der Wissenschaft

Die wissenschaftliche Erforschung des Paranormalen kommt nur schwer voran. Sicherlich ist das so, weil wir noch keine Geräte besitzen, die dieses Phänomen im Griff haben. Wir können es gegenwärtig nur als solches feststellen. Wir verdanken einem amerikanischen Team, geleitet von Brenda J. Dunne und Robert G. Jahn, die neusten ernsthaften Studien, die durchgeführt wurden, um die Existenz der außerraumzeitlichen Wahrnehmung zu beweisen. Die Ergebnisse wurden veröffentlicht, und das Vorwort dazu schrieb einer der größten Physiker unserer Zeit, Olivier Costa de Beauregard. (30)

Die Hellsichtigkeit im Rückblick

Im Protokoll einer Gruppe dieser Experimente heißt es: Wir setzten eine Versuchsperson (VP) in einen bequemen Sessel und teilten ihr mit, dass wir eine halbe Stunde später ein Kamerateam irgendwohin schicken würden. Wohin, wussten wir nicht. Die VP sollte den Ort beschreiben, an dem sich das Team später befinden würde. Ihre Aussagen wurden sorgfältig notiert. Das Team befand sich irgendwo in der Stadt und kannte die Beschreibungen der VP nicht. Ein wenig später wurde nach dem Zufallsprinzip einer aus zwölf Umschlägen gezogen, mit dem der Zielort für das Fernsehteam bestimmt wurde. Dieses filmte die Stelle, die im Umschlag angegeben worden war, sehr genau, einschließlich der Umgebung. Eventuell dort befindliche Gebäude wurden von innen und von außen aufgenommen. Dann verglich man die Bilder mit der Beschreibung, welche die VP vorher abgegeben hatte. Die Arbeit, die in Frankreich veröffentlicht wurde, enthält anstelle des Filmes nur einige Schwarz-Weiß-Aufnahmen. Sie reichen aber aus, um zu zeigen, wie erstaunlich die Beschreibungen der VP mit den Aufnahmen übereinstimmten, die das Fernsehteam an dem zufällig ausgewählten Ort gemacht hatte. Die Beschreibung des Ortes, der sehr speziell war, ist so präzise, dass es kein Zufall sein kann. Es handelt sich also um eine echte präkognitive Fernwahrnehmung.

Auch in diesem Fall muss die VP Wellen wahrgenommen haben, die sie innerhalb eines Schwankungs- und Irrtumsbereiches deuten konnte. Oft zögert die VP während der Beschreibung, sie macht tastende Versuche, korrigiert und vervollständigt ihre Angaben. Das verhindert nicht, dass zahlreiche Details genau sind, und dass das Gesamtbild eine erstaunliche Präzision aufweist. Nimmt die VP die vom Zielort ausgesandten Wellen wahr, die Wellen des Filmes oder jene der Mitglieder des Fernsehteams, während diese den Ort oder ein Gebäude betrachten und filmen? In der letzen Hypothese handelt es sich um Telepathie mit Vorschau. Auf jeden Fall gibt es eine Wahrnehmung der Wellen, außerhalb von Raum und Zeit.

Das Paranormale ist ganz und gar normal

Letztendlich finden wir in all diesen verschiedenen Fällen immer die gleiche Charakteristik, die mit dem übereinstimmt, was uns die offizielle Wissenschaft heute über die Elementarteilchen lehrt, für die weder räumliche Distanzen, noch Vergangenheit, Gegenwart und Zukunft existieren, weder Raum noch Zeit.

Diese Erfahrungen, sagt uns Costa de Beauregard (Abb. links), wobei er sich ausdrücklich auf diejenigen bezieht, die ich in meine Betrachtungen einbezogen habe, erinnern den Physiker an das Phänomen der »Untrennbarkeit«, das zwar in den Augen der Allgemeinheit paradox erscheint, aber experimentell bestätigt, theoretisch formalisiert wurde und der Quantenmechanik inhärent ist. Costa de Beauregard war einer der wenigen Wissenschaftler, die erklärten, die paranormalen Phänomene stünden nicht im Gegensatz zur Relativitätstheorie und Quantenmechanik, sondern seien im Gegenteil durchaus normale vorhersehbare Folgerungen dieser Theorien. Ich weiß, dass genau diese Aussagen ihn in den Augen mancher seiner Kollegen unglaubwürdig erscheinen ließen.

Und doch beginnt die offizielle Wissenschaft inzwischen, Hypothesen über diese Phänomene zu erstellen, die geeignet sein könnten, ihre Vielzahl zu berücksichtigen. Costa de Beauregard erwähnte die »Untrennbarkeit«. Man könnte vielleicht auch die Erhaltung der Informationen der Vergangenheit in einem universellen Feld erklären, dem sie holografisch eingeprägt sind. (31)

Das holografische Modell

Ich erinnere kurz an den Unterschied zwischen einem Diapositiv und einer Holografie. Wenn ich ein normales Diapositiv des Gemäldes der Mona Lisa anfertige, sehe ich auf dem Film eine verkleinerte Mona Lisa. Wenn ich das Dia gegen das Licht halte, sehe ich ebenfalls eine kleine Mona Lisa. Das bedeutet, etwas vereinfacht gesagt, dass jeder Punkt meines Diapositivs einem Punkt des Gemäldes entspricht, genau einem Punkt. Wenn ich mittels eines Laserstrahls eine holografische Aufnahme der Victoria von Samothrake, des »Engels ohne Kopf«, erzeuge, werde ich auf der Platte keine Verkleinerung der Statue wahrnehmen. Auch im Gegenlicht würde ich praktisch nichts sehen. Ich müsste wieder einen Laserstrahl benutzen, um im Raum eine Verkleinerung der Statue auftauchen zu lassen. Wenn ich meine Platte in Stücke schneide, würde mir jedes einzelne Stück noch die komplette Statue in den Raum projizieren, das heißt, jedes einzelne Stück, wie klein auch immer, enthält alle nötigen Informationen, die dem Gesamtbild der Statue auf der Platte entsprechen, und jeder einzelne Punkt der Platte korrespondiert mit allen Punkten der Oberfläche der Statue. Nur, je kleiner das verwendete Stück ist, umso mehr verliert das Bild an Schärfe. Wenn man sich eine Platte wie eine Hülle um die Erde herum vorstellen würde, könnte man, gleich an welchem Ort, das empfangen, was sich auf der Erde abgespielt hat.

Der Philosoph und Wissenschaftstheoretiker Ervin Laszlo (Abb. links) schreibt: »Die Eigenschaften der holografischen Speicherung zeigen, dass ein universelles Feld als holografischer Träger alle bisherigen Geschehnisse im Universum aufzeichnen könnte. Wenn das Feld unzerstörbar wäre, blieben die Informationen auf ewig in ihm enthalten, und man könnte sie jederzeit überall wiederfinden.« (32) Dieses universelle Feld entspricht recht gut dem bekannten morphogenetischen Feld von Rupert Sheldrake. Für ihn besitzt alles erworbene Verhalten einer biologischen Art die Tendenz, sich unabhängig von der Distanz in der gleichen Art auch ohne genetische Verbindung zu reproduzieren.

All dies würde auch der hinduistischen Tradition der »Akasha-Chronik« oder des »Äthers« entsprechen, die von den Theosophen und Anthroposophen übernommen wurde. Es soll sich dabei um eine Art »Weltgedächtnis« handeln, in das alle Ereignisse eingeschrieben würden. Aber natürlich sind diese »Archive« eher als eine Art Film konzipiert und nicht als Hologramm. Wie so oft bei diesen Korrespondenzen sollte man die Ähnlichkeiten der überlieferten Vorstellungen mit den modernen Entdeckungen nicht überbetonen, aber auch nicht leugnen. Das Hologramm liefert uns ein verständliches Modell, das man vor Jahrhunderten nicht hatte.

S. Freud und mehr noch C. G. Jung zogen die Möglichkeit in Betracht all unser Tun und unser Verhalten könnte irgendwo an einem mysteriösen Ort gespeichert sein, dem unser Unterbewusstsein seine Informationen entzieht. Der Mediziner und Parapsychologe Eugène Osty sprach von einem »transzendentalen Plan« und Pierre Janet träumte von einem »Paläoskop«, das uns virtuelle Reisen in die Vergangenheit ermöglichen könnte. David Bohm, theoretischer Physiker und Professor am Birkbeck College in London, verglich die Zeit mit einem Stoff, der sich manchmal dehnt und manchmal zusammenzieht. Diese Beschreibung des Universums ermöglichte ihm ein besseres Verständnis der Wahrnehmung der Vergangenheit, so wie manche Sensitive sie empfinden. Die Vergangenheit ist nicht wirklich verschwunden. Sie ist nur in einer Zeitfalte versteckt. »Die Totalität eines Ereignisses bleibt im Hologramm gespeichert«, erklärt uns Michael Talbot und beruft sich dabei auf David Bohms Intuition, »die Illusion der zeitlichen Entfaltung in der Dauer ist einfach das Ergebnis der Veränderung der Perspektive des Beobachters.« So legt es auch die holografische Theorie der Vergangenheit nahe. Was einmal im kosmischen Hologramm registriert worden ist, sollte niemals der Vergessenheit anheimfallen. Die Dreidimensionalität der wahrgenommenen Szenen tritt sowohl in der Rückschau als auch in den Hologrammen auf. In gewisser Weise ähnelt auch die Nichtlokalität der Visionen der Sensitiven dem holografischen Prinzip. Sie können auf geistigem Wege ebenso an eine nahe gelegene Ausgrabungsstätte gelangen, wie an eine weit entfernte. Anders ausgedrückt, die registrierte Vergangenheit befindet sich nicht an einem bestimmten Ort. Wie die Information in einem Hologramm ist die Fernwahrnehmung nicht ortsgebunden: Man kann ein Zielobjekt oder eine Situation von und an jedem beliebigen Punkt der Raumzeit erreichen. (33)

Dr. Melvin Morse

Dr. David Bohm

Andere Forscher kamen auf anderen Wegen zum gleichen Schluss. So etwa Dr. Melvin Morse, Spezialist für Nahtod-Erfahrungen von Kindern, den ich mehrere Male in Paris und New York traf. Seine Überlegungen gehen von Feststellung eines unerklärlichen Phänomens aus. Nach seinen Erfahrungen mit den Nahtod-Erfahrungen arbeitete das Gehirn mancher Patienten oder Verunglückten sehr oft nicht mehr, wie die Nulllinie des Elektroenzephalogramms (EEG) bezeugte. »Doch, nachdem wir sie ins Wachbewusstsein zurückgeholt hatten, erzählten sie kurz nach dem Aufwachen detailliert und voller Emotionen von einem außergewöhnlichen Abenteuer, das sie während der Zeit der anscheinenden Bewusstlosigkeit erlebt hatten. Ob die Erzählung einem realen Erlebnis entspricht oder nur die Folge eines ›veränderten Bewusstseinszustandes‹ ist: Wie ist es möglich, eine Erinnerung zu bewahren, wenn das Gehirn nicht mehr funktioniert?« Natürlich fragt man dann schockiert: »Befindet sich das Gedächtnis außerhalb des Körpers?«

Nachdem Dr. Morse an der Universität von Kalifornien in Los Angeles lange mit einer Gruppe von Neurologen, die sich die gleiche Frage stellten, diskutiert hatte, unterhielt er sich auch mit theoretischen Physikern des Nationallabors in Los Alamos und des »National Institute of Discovery Science«. Diese erklärten ihm, dass »die Energien, die wir in Form von Gedanken und Verhalten entbinden, nicht verschwinden, sondern irgendwo in der Natur überleben. Wenn dies zuträfe, wären unsere Energien Teile dieser universellen Datenbank und würden manchmal als Engel oder Phantome von unserem rechten Schläfenlappen wahrgenommen.« (34)

Ich möchte allerdings klarstellen, dass der Begriff »Erinnerung« bei einer Nahtod-Erfahrung, im Sinne eines Wiedererlebens alles dessen, was wir erlebt haben, nicht exakt ist. Während unseres irdischen Lebens scheint sich alles um uns herum abzuspielen, als wären wir der Mittelpunkt. Und das gilt für jeden von uns. Doch bei einer Nahtod-Erfahrung ist es anders, denn laut allen zusammengetragenen Erfahrungsberichten nehmen wir die vergangenen Ereignisse dabei von außen wahr. Man wird zum Zuschauer seines eigenen Lebens. Es handelt sich also nicht um irgendeine Reanimation der Wahrnehmungen, so wie wir sie erlebt haben, sondern um eine unabhängige Information, die nicht in Verbindung mit irgendeiner Verschlüsselung steht, die sich in unserem Gehirn befinden könnte. Also muss sich diese Information tatsächlich außerhalb unseres Körpers befinden.

Ich halte dafür, zu verdeutlichen, dass nicht schon deswegen, weil alle Informationen, auch die der Zukunft, in diesem Feld gespeichert sind, unser Schicksal vorherbestimmt ist. Es ist keineswegs so, dass unser ganzes Leben von jemand anderem geschrieben wurde, der uns in dem Glauben lässt, frei zu handeln, obwohl wir unwissentlich eine Rolle in seinem Stück spielen und wie Marionetten an unsichtbaren Fäden manipuliert werden. Das ist der Fehler, den Peter Krassa in seinem Buch »Dein Schicksal ist vorherbestimmt« begangen hat, in dem er auch über den Chronovisor schrieb. Seine Deutung wäre berechtigt, wenn die »Archive« in unserer linearen Zeit gespeichert würden. Es scheint aber, dass sie nach unseren Erkenntnissen nur auf der Ebene der Elementarteilchen außerhalb der Raumzeit archiviert sein können. Demgemäß schreiben sich meine Handlungen erst in die »Archive« ein, während ich sie vollbringe; und ab diesem Moment bin ich vollkommen frei. Es spielt keine Rolle, dass ich die Information schon vorher empfangen kann, denn sie ist nicht in der Zeit auf einem irdischen materiellen Träger gespeichert, was implizieren würde, dass jemand anders als ich sie einschreiben könnte. Es ist meine Handlung, die sich unmittelbar in dieses Feld einprägt. Es gibt keine andere Ursache dieser Information als eben mein Handeln. Leider ist die Beziehung zwischen unserer »Zeit« und dem »Außerhalb der Zeit« ziemlich schwer zu verstehen.

Pater Ernetti mit der Dolmetscherin

Das holografische Modell ist zur Beschreibung der paranormalen Erfahrungen geeignet. Dies bestätigt auch mein Freund Professor Ernst Senkowski, der am 14. Februar 1987 ein mehrstündiges Gespräch mit Pater Ernetti führte. Es scheint mir interessant, seine Kommentare zu diesem Thema wiederzugeben. Er ist Diplom-Physiker (und Dr. rer. nat), war 15 Monate lang als Physikexperte im Auftrag der Unesco in Kairo tätig und von 1961 bis 1988 Professor an der Fachhochschule Rheinland-Pfalz. Seine wissenschaftliche Kompetenz jedoch macht ihn nicht blind gegenüber dem, was man heutzutage als »Paranormal« einstuft, ganz im Gegenteil. Er kennt sich sehr gut in der Instrumentellen Transkommunikation (ITK) aus. Wir verdanken ihm eines der größten, streng dokumentierten Werke auf diesem Gebiet. (35). Er ist also berechtigt, uns durch seine ernsthafte Wissenschaft und seinen offenen Geist seine Meinung mitzuteilen.

»Die Beschreibung, die uns Pater Ernetti in Bezug auf die hör- und sichtbaren Wellen gibt, die um die Erde herum erhalten seien, wie eine Doppelspur der persönlichen und historischen Ereignisse, die sich jederzeit rekonstruieren lassen, kann man nicht ohne Einschränkung akzeptieren. Nach der allgemeinen Interpretation der Entropie sollten die physischen Signale mit dem kosmischen Rauschen, ohne die Möglichkeit einer Wiederherstellung ›auf nimmer wieder‹ verschmelzen. Dies würde auch für einen eventuellen Speichermechanismus in den Van-Allen-Gürteln gelten, den einige nicht-orthodoxe Denker als Voraussetzung annehmen. Allerdings könnten die jüngsten Theorien über das Universum als mehrdimensionale komplexe Informationsstruktur die ›Akasha-Chronik‹ repräsentieren. Ernetti sprach auch von der gegenseitigen Transformation von Ton und Licht. Wir haben Informationen, die über das Medium ›Sari‹ (Barbara Marciniak) von einer bestimmten Transwesenheit kommen: ›Die Lichtwellen, die in den ätherischen Bereichen aus Schall geformt werden, erstellen die Blaupausen der Bilder‹. Auch in anderen medialen Dialogen erscheint das (nicht definierte) Konzept der ›Klang-Farben‹, und mehrmals wurde ›von drüben‹ bestätigt, dass sie ›mit anderen Sinnen manchmal wie ein Hologramm‹ wahrnehmen. Auf der materiellen irdischen Ebene manifestiert sich die enge Korrelation zwischen Ton und Licht in anderen Bewusstseinszuständen (z. B. unter Meskalin) in Form der neurophysiologisch-psychologischen Synästhesie.«

In der Tat erinnere ich mich, dass die Verstorbenen oder sogar diejenigen, die nur eine Nahtod-Erfahrung hatten, den seltsamen Eindruck schildern, Farben zu hören und Klänge zu sehen. Was die »Energie« betrifft, welche die Information zu uns überträgt, erwähnt Professor Senkowski mehrere hypothetische Möglichkeiten: »die Tesla-Wellen«, (36) »die Formwellen«, »die Gravitationswellen« und »das morphogenetische Feld«. Das bedeutet, dass wir nicht nur nachvollziehen müssten, wie oder wo die Informationen gespeichert sind, sondern auch, auf welche Weise sie uns übermittelt werden. Es muss also nicht nur ein Erfassen der Informationen der Vergangenheit, Gegenwart oder Zukunft geben, sondern einen Apparat, mit dem es möglich ist, die wahrgenommenen Informationen auf einer materiellen Basis in Form von Bildern und Tönen für unsere Sinne festzuhalten, damit sie uns erreichen. Die Wellen müssten also einen physischen Effekt auf die Materie haben, entweder durch direkte Einwirkung oder erleichtert durch eine jenseitige Entität. Wir verfügen über andere diesbezügliche Hinweise, die aus dem Jenseits zu kommen scheinen. Aber das würde hier zu sehr in technische Betrachtungen hinein führen. Ich verweise dazu auf das Werk meines Freundes Senkowski.

Derweilen scheinen sich die Blockaden auf unserer Seite zu lösen. Mein Physiker-Freund Costa de Beauregard versichert in einem seiner Werke (37) in aller Gemütsruhe, dass die »Psychokinese heute durch die Arbeiten in den Laboratorien von Helmut Schmidt, Robert Jahn und ihren Mitarbeitern, vollständig bewiesen worden ist. Sie konnten mit Hilfe von Zufallsgeneratoren die mental bewirkten Veränderungen des elektronischen Rauschens eines Halbleiterbauelements registrieren. Die Versuchspersonen wurden aufgefordert, die Signale eines Zufallsgenerators willentlich zu beeinflussen, und die statistisch erfassten Ergebnisse wurden mit denen der nicht gestörten Geräte verglichen. Die Methode bestand also darin, die Wahrscheinlichkeitsverteilung der Signale a priori gedanklich zu verändern. Das Fantastischste ist aber, dass sich die Wirkung der Gedanken auf die Funktion des Zufallsgenerators sowohl während als auch nach dem Experiment dokumentieren lässt.

Augenscheinlich, so präzisiert Costa de Beauregard, arbeitet der »Psi-Agent« bei solchen Experimenten während der Aufzeichnung nicht etwa nur im makrokosmischen »Hier und Jetzt« der Raumzeit, sondern vielmehr ohne Energieaufwand auf dem elementaren Niveau in der Vergangenheit. Anders ausgedrückt, die Gedanken des Psi-Subjekts gehen in der Zeit zurück und beeinflussen die Funktion des Geräts, bevor man ihm das zuvor aufgezeichnete Resultat mitteilt. Man kann also von einer »Retro-Psychokinese« sprechen. Seit 1976 hat Helmut Schmidt (USA) (38) die »unglaublichen Resultate dieser Versuche« mit der Bemerkung ergänzt: »Ob Sie es glauben oder nicht, das Resultat ist genauso gut, als wenn die Aufzeichnung im ›Hier und Jetzt‹ online stattgefunden hätte«.

Die Experimente wurden unter der kritischen Kontrolle von Henry Stapp, einem Physiker der Berkeley Universität, durchgeführt, der sie später im »Physical Review A«, kommentierte. Ähnliche Experimente wurden in Frankreich von René Péoc'h mit einem »Tychoskop« realisiert. Es handelt sich um außergewöhnliche Untersuchungen, die mit der Wiederaufnahme der Arbeiten von Konrad Lorenz über die Gänse begannen. Man weiß, dass ein Tier vom Tag seiner Geburt an von dem ersten Wesen, das es in seiner nächsten Umgebung wahrnimmt, lebenslang geprägt wird. René Péoc'h entwickelte ein tragbares Gerät auf Rollen, das sich nach dem Zufallsprinzip bewegte und nannte es »Tychoskop«. Er ließ in der Nähe des Geräts kleine Kücken zur Welt kommen, die dem Gerät nach der »Prägung« naturgemäß bei den kleinsten Bewegungen auf »Schritt und Tritt« folgten. Dann sperrte er die Küken in einen Käfig, mit Blick auf das Tychoskop. Der Wunsch, ihrer geliebten »Stiefmutter« nahe sein, steuerte das Zufallssystem und führte das Gerät nach und nach in ihre schützende Nähe. Wenn man das ganze auf ein großes Stück Papier verlegte und das Gerät mit einem Textmarker ausstattete, bewahrte man die Spur der Bewegung des Tychoskops. Man könnte aber die Küken auch durch psychokinetisch begabte Versuchspersonen ersetzen, die das Gerät genauso zu sich heranziehen würden. In diesem Fall liegt das Fantastischste darin, dass das Tychoskop auch in Abwesenheit einer Versuchsperson funktionieren kann. Man kann dann das Blatt umklappen, ohne die Spuren anzuschauen.

Wenn man einen guten Psychokineten bittet, den Weg des Tychoskops im Nachhinein, etwa am nächsten Morgen, zu beeinflussen, sieht man anschließend, welchen Einfluss der ausgeübt hat.

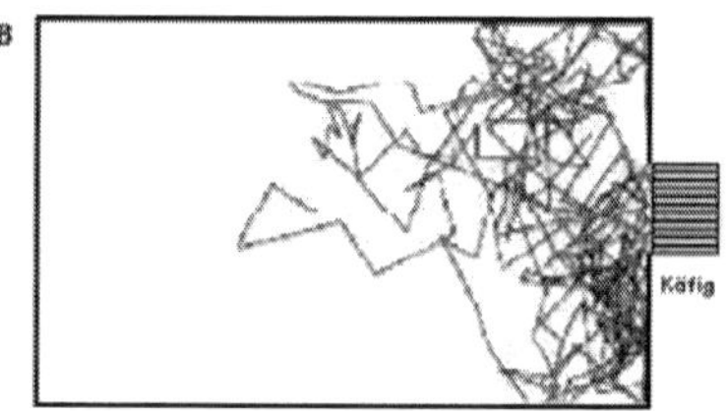

Der Verlauf des Tychoscops.

Réne Péoc'h

Georges Charpak

Parallele Recherchen

Pater Ernetti war natürlich nicht der einzige, der das Unmögliche versucht hat. Auch andere Forscher waren von ähnlichen Perspektiven angetan und hatten schon diesbezügliche Arbeiten unternommen. Ich erwähne hier zunächst die bescheidenen Versuche des Physiknobelpreisträgers und bekennenden Feindes des Paranormalen Georges Charpak, der versuchte, von antiken griechischen Tonvasen Geräusche und eventuelle Unterhaltungen aufzunehmen, die in der näheren Umgebung der Vasen stattfanden, als das Material noch formbar war. Die Laute hätten sich also während der Tätigkeit des Töpfers in die Oberfläche der Amphoren und Trinkschalen einprägen können, bevor sie gebrannt wurden. Andere Forscher haben die Hypothese vorgeschlagen, alle, oder wenigstens ein Teil der Wellen, die wir ständig ausstrahlen, würden ins Universum gelangen, eines Tages auf ein Hindernis im Raum treffen und zu uns zurückkehren. (39) Die Idee ist nicht absurd. Es ist wirklich so, dass Fernsehwellen Jahre nach der Ausstrahlung wieder empfangen werden konnten. Die Vermutung, es handele sich um Reflexionen von Himmelskörpern, dürfte nicht zutreffen. Jedenfalls wurde die Quelle dieser Signale bisher nicht geklärt. Der eventuellen Beherrschung dieses Phänomens scheint sich eine unüberbrückbare Kluft entgegen zu stellen.

Eine Variante dieser Hypothese wurde 1897 im Science-Fiction-Roman »Auf zwei Planeten« von Kurd Lasswitz eingebracht. Er stellte sich vor, dass die Bewohner des Mars es geschafft hätten, die Spuren irdischer Ereignisse, die sich im Weltall mit Lichtgeschwindigkeit entfernen, mittels überlichtschneller Gravitationswellen zu überholen und zurückzuspiegeln. (40)

Wieder andere Entdecker haben seit langer Zeit weit in die Zukunft geschaut. So sagte Edison voraus, es werde uns eines Tages möglich sein, die »Bergpredigt« in Jesu eigenen Worten aufzuzeichnen.

Georges de la Warr

Georges de la Warr hat sich auf einen eigenen Weg begeben. Dieser Oxford-Ingenieur hat es unternommen, einen Apparat zu konstruieren, um mit ihm die Wellen der Vergangenheit einzufangen. »Jedes Tier«, so vertraute er einem Journalisten der Illustrierten ›Paris-Match‹ an, »jede Pflanze und jedes Mineral, haben eine Strahlung, die ihnen eigen ist und erhalten bleibt. Jedes Ereignis ist eine Manifestation eines oder mehrerer dieser Strahlen«. Wir begegnen hier im nahezu gleichen Wortlaut der Theorie, die mir Pater Ernetti vorgetragen hat. George de la Warr hat sich der Mitarbeit dreier Physiker und einiger anderer Wissenschaftler versichert und errichtete in der Nähe von Oxford ein eigenes Labor, um seine Erfahrungen weiterzuführen. Er behauptete sogar, es sei ihm im Januar 1951 gelungen, eine Fotografie seiner eigenen Hochzeit in Nottingham zu machen, die 1928, also etwa 22 Jahre zuvor, stattgefunden hatte. Er gab aber in diesem Interview zu, dass seine Fotos der Vergangenheit noch etwas unscharf waren. Man sollte George de la Warr nicht als einen simplen Spinner abtun, wie es so viele gibt. Er war lange Jahre Leiter eines Labors, in dem sehr interessante Untersuchungen auf dem Gebiet der Radionik durchgeführt wurden. Eines seiner Werke wurde vor kurzem wieder herausgegeben (41). Sein Labor publiziert eine Zeitschrift, die auch in französischer Sprache erscheint. Er realisierte »12 000 Fotos des ätherischen Anteils der Materie und auch der Gedanken«. Ihm zufolge wird jedes lebendige Wesen ab seiner Konzeption von einer Ätherform begleitet, welche die Gestaltung der lebenden Zellen und damit die Form seines Körpers kontinuierlich lenkt. (42) Derzeit wird diese Hypothese von einigen der großen Biologen, wie dem Nobelpreisträger John Eccles, wieder aufgegriffen. George de la Warr meinte, dass er die endgültige Werdeform erfasst, wenn sich beispielsweise auf dem Foto eines Samenkorns die Form der Blume zeigt. Er dachte, es müsse auch möglich sein, auf den Fotografien von Blutproben die Krankheiten des Spenders zu erkennen, die eventuell in der Zukunft auftreten könnten, aber noch nicht entdeckt worden und mit anderen Methoden auch nicht nachzuweisen seien. Ich erinnere mich, einmal persönlich an derartigen Experimenten teilgenommen zu haben. Diese Ideen werden heute wieder sehr ernsthaft aufgegriffen.

Diese wenigen Hinweise sollten genügen, einmal darüber nachzudenken, ob an den Äußerungen von Georges de la Warr über seine Bilder der Vergangenheit etwas Wahres dran sein könnte. Aber wie verhält es sich genau? Die im Folgenden beschriebenen Untersuchungen sind vielleicht wegweisend oder liefern wenigstens eine Hypothese.

Doktor Montal

Ein gewisser Dr. Montal behauptete in seinen Memoiren, einen Apparat erfunden zu haben, der mentale Vorstellungen empfängt. Ich bin keineswegs sicher, ob er wirklich erreicht hat, wonach er suchte. Ich werde weiter unten eine Interpretation vorschlagen, die von seiner abweicht. Aber schauen wir zunächst, wie er seine Erfahrungen berichtet hat. Ich lasse ihm das Wort:
»Meine ersten Versuche waren Selbstversuche. Ich schritt vom Einfachen zum Komplizierten und fotografierte so die Erinnerungen, die ich von mir

bekannten Objekten hatte. Meine Uhr, eine Violine, mein Mikroskop; dann, nach und nach, konnte ich mein Arbeitszimmer, meinen Garten und wirkliche Szenen aus meinem Leben reproduzieren, an denen ich teilgenommen hatte. Manchmal beobachtete ich beim Vergleich der Gedankenfotografien mit normalen Aufnahmen fehlerhafte Bilder, und einige Male konnte ich feststellen, dass sich auf der Platte mehrere Erinnerungen überlagerten, so als ob es sich um Mehrfachaufnahmen gehandelt hätte.« (43)

Nach all dem, was wir heutzutage über das Gedächtnis wissen, muss ich darauf aufmerksam machen, dass es nicht lokalisierbar ist. Wohl besitzen wir in unserem Gehirn Seh-, Hör- und motorische Zentren und so weiter. Aber die Erinnerungen, welcher Art auch immer, scheinen nicht in diesen Zentren lokalisiert zu sein. Wenn die Sehzentren zerstört sind, hat man trotzdem genaue Erinnerungen von dem, was man gesehen hat, bevor man erblindete. Die Erinnerungen sind also im gesamten Gehirn eingelagert, wie die Bilder auf der holografischen Platte. Aber selbst, wenn wir annehmen, Montals Apparat hätte die Bilder aus der Vergangenheit wirklich direkt dem Gehirn entnommen, wären sie wohl sehr verschwommen gewesen. Unsere Erinnerungen sind keine gespeicherten Fotografien. Ich halte es für wahrscheinlicher, dass er seine Erinnerungen direkt auf die Fotoplatte projizierte, was unseres Wissens möglich ist.
Er selbst liefert uns dafür einige Indizien. Er berichtet nämlich, dass er jemanden zu behandeln hatte, der nach einem schweren Trauma unter häufigen Halluzinationen litt. Während eines seiner Anfälle beugte sich der Kranke plötzlich nach vorn, starrte auf den Boden und wurde bewegungsunfähig. Dr. Montal holte seinen sehr speziellen Fotoapparat und richtete ein Strahlenbündel aus seinem Instrument auf den Punkt, den der Kranke fixierte. Bei der Entwicklung entdeckte er auf der Platte das, was seinen Patienten vor Schrecken hatte erstarren lassen: Zwei entsetzlich verstümmelte Leichen. Es scheint, dass es sich dabei um das Bild des Ereignisses handelte, das sein Trauma ausgelöst hatte.

Ich erlaube mir, was diesen Fall betrifft, meine vorherige Anmerkung zu wiederholen: Dieses Bild konnte kaum so präzise gewesen sein, wie uns Dr. Montal in seinem Bericht glauben machen möchte. Die Ehrlichkeit verlangt von mir auch, ein weiteres Detail zu erwähnen: Montals Memoiren wurden von seinem Freund, dem Mediziner Dr. Albert Leprince ergänzt und verlegt. Aber tatsächlich geht mir dessen Bewunderung für Dr. Montal zu weit. Er zögert nicht, über einen Versuch der Transplantation einer Gehirnhälfte zu berichten, und lässt durchblicken, dass sie vollkommen gelungen sei. (43) Ich weiß, dass man heute die Möglichkeit einer solchen Operation in Betracht zieht, aber zu Anfang des letzten Jahrhunderts? Das glaube ich nicht. Eher glaube ich, dass eine Projektion zwanghafter Erinnerungen auf eine Fotoplatte wahrscheinlicher ist, denn dieses Phänomen ist auch anderweitig dokumentiert worden. Ich hielt es aber für gut, diesen Bericht hier aufzunehmen, da er zeigt, wie weit der alte Traum, die Vergangenheit wiederzufinden, die Imagination des Menschen antreibt und sie veranlasst, die verschiedensten Wege zu erforschen.

Tatsächlich wurde die Möglichkeit, seine Gedanken auf eine Fotoplatte zu bringen, schon 1905 von Dr. Hyppolite Baraduc bewiesen. Etwas später unternahm der japanische Professor Tomokichi Fukurâi (Universität von Kohyassan) erfolgreiche Versuche auf diesem Gebiet. Er veröffentlichte seine Ergebnisse im Werk »Hellsehen und Gedankenfotografie«. Die englische Übersetzung war Georges de la Warr gut bekannt. Mein Freund, Professor Senkowski, führte mir einen in den USA aufgenommenen Film vor, der zeigt, wie der Amerikaner Ted Serios es schaffte, ein Gedankenbild auf ein Polaroidfoto zu bringen, ähnlich wie der junge japanische Sensitive Masuaki Kiyota es in einer Fernsehsendung in Tokio vorführte. Man kann Gedanken in Form von Worten auch auf Tonband aufnehmen. Dieser Versuch wurde in mehreren Ländern erfolgreich durchgeführt - zuletzt in Frankreich. Es erscheint mir also möglich, dass Georges de la Warr auf diese Weise ein unscharfes, Bild seiner eigenen Hochzeit aufgenommen hatte, wobei er, eventuell unabsichtlich, an früher entstandene Fotografien dachte. Er glaubte, vermutlich in guter Absicht, eine Spur der Vergangenheit eingefangen zu haben, obwohl es nur eine Projektion seiner Erinnerungen war. Es handelt sich aber in diesen Fällen nicht wirklich um einen Chronovisor, wie ihn Pater Ernetti anstrebte.

Spalding

Die manchmal erwähnten Aktivitäten des Charles Proteus Steinmetz (vgl. unten) und des Bergbauingenieurs Baird Thomas Spalding, scheinen das Stadium der Träume nicht überschritten zu haben. (44) Dennoch behauptete Spalding, die Antrittsrede von Georges Washington aufgenommen zu haben. Hier seine Geschichte:

»Es war in New York an der Stelle, die man heute ›The Federal Hall‹ nennt. Auf unseren Aufnahmen erkennt man alle Würdenträger, die das Podium einnahmen, ebenso wie Georges Washington, der vor der Gruppe auf und ab ging und seine Eröffnungsrede hielt. In jener Epoche gab es kein einziges Foto dieser Gruppe. Stattdessen malte jemand Bilder. Jetzt besitzen wir das wirkliche Bild und zusätzlich George Washingtons Stimme auf Band.«

In der Folge behauptete Spalding, er hätte bis in die Zeit der Bergpredigt zurückgehen können, und damit eine Vorhersage, die Edison zugeordnet wird, verwirklicht. Spalding beschrieb Christus folgendermaßen: »Wir wissen, dass der Mensch Jesus sich nicht von uns unterschied. Wir besitzen die vollständige Geschichte des Lebens seiner Familie und wissen, dass sie gut situiert war. Jesus hatte großen Einfluss und einen starken Charakter. Er maß ungefähr 1.87 Meter, und wenn er in einer Menge stand, hätte man ihn sofort bemerkt und zu sich gesagt: ›Hier ist ein Mann, der Großes vollbringen wird‹. Und er vollbrachte es. Die Geschichte bestätigt dies heute.«

Spalding soll auch Aufnahmen von der »Vermehrung der Brote und Fische« gemacht haben. Doch was ihn sehr verwirrte, war, dass der Christus, den er sah, nicht Leonardo da Vincis Darstellung glich. Auf jeden Fall beginnt diese Geschichte mit einer Unwahrscheinlichkeit, nämlich mit seiner Zusammenarbeit mit Steinmetz. Alles, was wir von Charles Proteus Steinmetz wissen, macht ihn vertrauenswürdig. Er arbeitete lange in den Forschungslaboratorien der General Electric Co. in Schenectady und galt in seinem Fach als äußerst brillant wenn nicht als »Genie«. Dagegen kann uns alles, was wir über Spalding wissen nicht davon überzeugen, dass seine Geschichten keine Fabeln sind, angefangen bei der angeblichen Zusammenarbeit mit Steinmetz.

Sein einziger Biograph, David Bruton, kannte Spalding in den letzten drei Jahren seines Lebens sehr gut. Was er über ihn sagt, ist sehr aufschlussreich: »Spalding hatte nahezu nichts von dem, was er zu sein vorgab.« Er starb nicht im Alter von 95 Jahren. Nach Brutons Berechnungen überschritt er nicht die 80. Seine Familie stammte sicher nicht aus Indien oder aus der Wüste Gobi. Alle Geschichten, die er erzählen konnte, um sein Meisterwerk glaubwürdig erscheinen zu lassen, waren nichts als reine Erfindung. Sein weltweit millionenfach verkauftes Werk hat keine Grundlage. Es genügt übrigens, einige Seiten zu lesen, um zu dieser Überzeugung zu gelangen. Es ist reine schwachsinnige spirituelle Schaumschlägerei. Übrigens bekannte Bruton manchmal, dass die Kamera nicht wirklich existiert hat, sondern noch in der Entwicklung stecke. Das ist ganz und gar nicht dasselbe.

Doch sein Fall ist nicht der einzige dieser Art. Es ist ähnlich wie bei Lobsang Rampa, (Pseudonym des Cyril Henry Hoskin) oder bei Bo-Yin-Ra (Joseph Anton Schneiderfranken). Spalding machte 1935 eine einzige kurze Reise nach Indien. Das »Haus der Ruhe an den Ufern des Ganges« oberhalb von Kalkutta hat niemals existiert. Er war weder in Tibet noch in China.

Ergänzen wir noch, ein Medium habe Bruton erklärt, dass Spalding unter dem Einfluss von drei »Astraleinheiten« stand, seines Großvaters, eines alten Bergarbeiters und eines Kindes. Danach hätte er sein Werk auf medialem Weg zusammengesetzt und Informationen empfangen, die von seinen jenseitigen Führern direkt den Archiven der Akasha-Chronik entnommen worden wären. Ich ziehe es vor, Ihnen die zwangsläufig unvollständige Liste derjenigen zu ersparen, die vorgeben einen unmittelbaren Zugang zu diesen berühmten Archiven zu besitzen.

Ich halte es für unnötig, Sie eigens darauf hinzuweisen, dass solche Geschichten geeignet sind, unbedarfte Menschen beliebig zu verwirren. Ich glaube an das Phänomen der Medialität und räume die Möglichkeit eines Informationsfeldes ein, das, wenn man so will, »Akasha-Chronik« genannt werden kann; aber diese Vorstellungen sollten nicht in zweifelhafter Weise missbraucht werden.

Kapitel IV

Betrugsanklage

Wenn ich auch seit Langem keinen Zweifel mehr an der Existenz der oben beschriebenen »Wellen« hatte und selbst die Möglichkeit in Betracht zog, dass man eines Tages ein solches Gerät bauen könnte, so reichte dies nicht aus, mich davon zu überzeugen, dass es bereits existiert hatte, zumindest in der Form, wie Pater Ernetti es mir beschrieb. Hat dieser Apparat, den ich nie gesehen habe, nicht einmal auf einem Foto, und von dem ich auch keine Ergebnisse, weder Bilder noch Töne, kenne, wirklich mit ausreichender Klarheit funktioniert, um Pater Ernettis Angaben und seine Begeisterung zu rechtfertigen? Und wie bringt man jemanden dazu, nur aufgrund einer Erzählung an eine so fantastischen Entdeckung zu glauben? Ich verstand sehr gut, oder besser gesagt, ich räumte ein, dass die Furcht, weltweite Katastrophen zu riskieren, dazu geführt haben könnte, absolutes Stillschweigen über ein solches Ereignis zu bewahren. Aber schließlich müssten doch wohl irgendwo Spuren oder Anzeichen seiner Existenz vorhanden sein. Ich musste mehr darüber in Erfahrung bringen.

Ich wusste bereits um die Existenz der berühmten Bibliothek Bozzano-De Boni in Bologna, die vielleicht die größte in Europa für die Gesamtheit der paranormalen Phänomene ist. Ich nutzte also eine der zahlreichen Reisen nach Italien, um in Kontakt mit Silvio Ravaldini zu treten. Er empfing mich außerordentlich liebenswürdig in seiner Bibliothek und führte mich in die Handhabung seines elektronisch gespeicherten Materials ein. Das Schlagwort »Cronovisore« führte sogleich zu einer ganzen Serie von Artikeln, die in der italienischen Presse erschienen waren. Und plötzlich erhielt ich einen heftigen Schock: Das war der Beleg oder der Beinahe-Beweis dafür, dass diese ganze Geschichte über den Chronovisor nichts als Schwindel sei, bestenfalls vielleicht eine Art verrückter Traum eines ehrlichen, aber kranken, leicht schizophrenen Gehirns.

Schlag aus heiterem Himmel

Ich entdeckte also an diesem Tag, dass Pater Ernetti, der mir versichert hatte, selbst kein Foto zu besitzen, das er mir zeigen könnte, angeblich seinerzeit dem Journalisten Vincenzo Maddaloni von »Domenica del Corriere«, ein Foto von Christus am Kreuz gegeben hatte, das mittels des Chronovisors erhalten worden sei. Dieses Foto wurde von etlichen anderen Zeitschriften und auch von Robert Charroux in eines seiner Bücher übernommen (45). Aber das Ärgste daran war, dass ein anderes, absolut identisches Foto existierte, ein frommes Bild, welches ein Kruzifix in einem Kloster wiedergab. Kein Zweifel war möglich. Es handelte sich tatsächlich um das gleiche Bild, allerdings seitenverkehrt. Das Foto war unter exakt dem gleichen Winkel, mit gleicher Belichtung und demselben Licht- und Schattenverhältnis aufgenommen worden. Von all dem hatte Pater Ernetti mir gegenüber kein Wort verlauten lassen.

Vincenco Maddaloni (Abb. links) gab vor, ein Bild von Pater Ernetti erhalten zu haben.

Hier sind einige Beispiele, die ich in der speziellen italienischen Presse entdeckte. »Im Giornale dei Misteri« aus dem Jahre 1980 stand folgender Artikel von Sergio Conti:

»Ich kenne Pater Ernetti nicht persönlich und kann es mir deswegen nicht erlauben, seine Person zu beurteilen, aber angesichts der Fakten möchte ich meine Meinung zum Ausdruck bringen. Bis jetzt haben wir, in Bezug auf ›die Maschine, welche Szenen der Vergangenheit zeigt‹, immer nur eine große Menge ›man sagt‹ gehört, aber wir erhielten keinen greifbaren Beweis. Das Einzige, was offiziell in der Presse verbreitet und von Pater Ernetti als konkreten Beweis bewertet wurde, kam von ihm selbst und hat sich als riesiger Schwindel herausgestellt. Ich berufe mich auf das Christusbild, das Pater Ernetti mehreren Journalisten übergab, wobei er ihnen erklärte, dass er es dank seiner Maschine erhalten hatte. Nach einer Untersuchung stellte sich heraus, dass dieses Foto nichts anderes war, als eine spiegelverkehrte Reproduktion eines frommen Bildes, das man für 100 Lire im Altarraum der Wallfahrtskirche ›Amore Misericordioso‹ von Collevalenza in der Nähe von Todi/Perugia kaufen kann. Das Foto selbst ist eine Aufnahme einer Skulptur aus Holz von Cullot Valera, die im Altarraum steht. (Wir haben sie in genauer Form in der Nr. 17 unserer Zeitschrift dargestellt und dokumentiert, und Pater Ernetti eingeladen, dazu Stellung zu nehmen, aber wir erhielten keine Antwort des Betroffenen.) Ich glaube, es wäre zuerst einmal angebracht, dass uns Pater Ernetti erklärt, wie er eine derart erniedrigende Täuschung begehen konnte, bevor er Glaubwürdigkeit beansprucht. «(46)

Es handelte sich hier um einen Artikel von Sergio Conti, einem der regelmäßigen Mitarbeiter des »Giornale dei Misteri«, der die darin jeweils veröffentlichten Leserbriefe beantwortet. Der Austausch von Zeugenaussagen und Klarstellungen hörten damit nicht auf. Sie sind jahrelang weitergeführt worden und dauern vielleicht noch bis heute. So entdeckte ich in der gleichen Zeitschrift, dass derselbe Sergio Conti 1982 an Carlo Trajna, einen, unter den Spezialisten der Instrumentellen Transkommunikation gut bekannten Ingenieur, geschrieben und ihn gebeten hatte, ihm eine einleuchtende Erklärung der Erscheinung des Christusbildes aus Collevalenza auf dem »Chronovisor« zu geben. Er bot auf diese Weise Pater Ernetti eine Rückzugsposition an, die ihm erlaubt hätte, »das Gesicht zu wahren«. Die von Trajna vorgeschlagene Lösung wurde von äußerst seltenen, aber gut dokumentierten Fällen inspiriert, in denen es jemandem mit starken medialen Fähigkeiten gelungen war, einen Gedanken einem Film aufzuprägen. Sergio Conti weist hier auf den Amerikaner Ted Serios hin, den ich bereits erwähnt habe, und der, wie der Japaner Masuaki Kiyota, mit Polaroidkameras arbeitete. Ted mit völlig geöffnetem, Masuaki mit geschlossenem Objektiv. Nach dieser Erklärung hätte Pater Ernetti das Bild des Gekreuzigten von Collevalenza mental kontemplativ betrachtet, und es später, ohne sich dessen bewusst zu sein, selbst auf den Film des Chronovisors projiziert. (47)

So sinnvoll diese Erklärung auch erscheinen möge, entspricht sie doch unglücklicherweise absolut nicht dem, was Pater Ernetti mir erzählt hatte. Sie erklärt nicht die Bewegungen, nicht die Personen, die den Christus am Kreuz umgaben, nicht die anderen Szenen seines Lebens, noch die Reden Mussolinis und Napoleons und auch nicht die gehörten und aufgezeichneten Tonsignale. Pater Ernetti nahm nie Stellung zu irgendeinem dieser Erklärungsversuche wie auch zu anderen Fragen. Ich sah das sehr gut in diesen Artikeln. Sergio Conti empörte sich beispielsweise ein weiteres Mal als jener Vincenzo Maddaloni 1984 in der Zeitschrift ›La Torre di Babele‹ die Zusammenfassung eines neuen Interviews veröffentlichen ließ, das ihm Pater Ernetti mit den gleichen Behauptungen und dem gleichen Christusbild von Collevalenza als einzigen Beweis gewährt hatte. (48)

Wer ist Pater Ernetti wirklich?

Als sich meine Aufregung wieder gelegt hatte, las ich weiter, um die niederschmetternden Texte zu verschlingen und überdachte (noch einmal) mein erstes Gespräch mit diesem außergewöhnlichen Benediktiner, der mich so fasziniert hatte, und ich sagte mir: Nein! Das ist nicht möglich. Selbst wenn ich es im Augenblick nicht schaffe, mir eine Lösung dieser Diskrepanz vorzustellen, muss es doch eine geben. Dieser Mann log nicht. Wir sprachen über so viele Probleme, die nichts mit dem Chronovisor zu tun hatten: über die Krise der Kirche, das Fehlen der Berufungen, das Abgleiten der heutigen Schriftauslegung, die das Übernatürliche vollständig ausgliedert, das Fehlen des spirituellen Odems, die verklemmte Moral der offiziellen Lehre, die unsere Kirchen leert und von vornherein alle Versuche der Verteidigung aller wahren moralischen Werte lächerlich macht. Er gab mir recht in der Feststellung, dass die Kirche sich weit weniger damit beschäftigen sollte, was in einem Ehebett passiert. »Unsere ganze sexuelle Moral ist von hart gesottenen Junggesellen« gemacht«, sagte er, »sie stellen Forderungen, die bei Weitem das überschreiten, was das Evangelium verlangt, und was tatsächlich eine Weise ist, ihm untreu zu sein, denn die Kirche entfernt die Menschen von Gott mit Motiven, die nicht von ihm stammen.«

Ernetti hatte mein umfangreiches theologisches Werk »Damit der Mensch Gott werde« gelesen und schätzte es. Wir haben es diskutiert. Er hatte mich um mehrere Exemplare meines Buches: »Die Toten sprechen zu uns« gebeten. Mir schien, er wollte sie einigen Priestern in Rom geben. Nein! Dieser Mann war ehrlich und ein wahrer Mensch Gottes.

Er war auch kein Mythomane. Oft wurden unsere Gespräche in seinem Büro durch Anrufe von Menschen unterbrochen, die sich für mehr oder weniger besessen hielten. Er sprach mit viel Herz zu ihnen, beruhigte sie und betete einen Moment mit ihnen und segnete sie. Er entschuldigte sich jedes Mal für die Unterbrechung: »Ich weiß«, sagte er, »dass die meisten (dieser Menschen) nicht wirklich besessen sind. In manchen Fällen muss man ihnen helfen, dies anzuerkennen und ihre Probleme (selbst) in die Hand zu nehmen. Es gibt aber auch andere, für die es am besten ist, auf ihr Spiel einzugehen. In gewissem Sinn brauchen sie diesen Glauben, weil er ihrem Leben eine sichere Bedeutung verleiht; so wie andere es nötig haben zu glauben, als Tänzerin am Hof der Pharaonen gelebt zu haben. Es ist ein Mittel um Aufmerksamkeit auf sich zu ziehen, um ihre Einsamkeit zu durchbrechen.« Im Übrigen arbeitete der Pater mit Psychiatern zusammen, wie seit Langem die Mehrzahl der Exorzisten, aber nicht, um alles auf »Geisteskrankheiten« zu reduzieren, wie das derzeit in Frankreich große Mode ist. Er glaubte an authentische Besessenheitsfälle, von denen ich einige besonders spektakuläre Beispiele in einem meiner Werke wiedergegeben habe. Er praktizierte die Exorzismen nach den Vorschriften der Kirche. Er schrieb selbst ein Buch über die Besessenheitsphänomene, das ich erst viel später gelesen habe, als ich mich auch dafür interessierte.(49) Wenn die Psychiater, die ihm ihre »Kranken« schickten, angenommen hätten, er sei ein Mythomane, hätten sie sofort damit aufgehört. Ich stelle weiterhin fest, dass Don Gabriele Amorth, einer der berühmtesten Exorzisten Italiens, in seinen Werken mit dem größten Respekt über Pater Ernetti schreibt : »Er ist der berühmteste Exorzist der Kirchenregion Triveneto (Norditalien) … der berühmte Exorzist Venedigs (50) … Man hat mir versichert, dass er in jeder Woche 400 bis 500 Menschen empfing.«

Ich muss bemerken, dass man ihm selbst in den Artikeln, in denen man ihn mehr und mehr bedrängte, sich zu erklären, immer großen Respekt zollte. In einem im »Giornale dei Misteri« veröffentlichten Brief schreibt der Gründer der Giorgio Gandi Stiftung und des »Museums für Grammophone, Platten und berühmte Stimmen« über Pater Ernetti: »Die ganze Welt kennt seine Geradlinigkeit, die ihn hindert, die Ehre seines Habits, an wen auch immer, sei er Theologe oder Wissenschaftler, zu verkaufen.« Das erinnert mich daran, dass Pater Ernetti - so sehr er mir meine Entscheidungsfreiheit ließ - riet, mich nicht zu sehr bei Hellseh- und medialen Sitzungen zu engagieren. Aus Respekt vor dem Orden, dem er angehörte, und als Wissenschaftler hielt er nicht viel davon. Dies waren seine eigenen Worte, die ich anerkenne. Es gab da einmal eine etwas seltsame Geschichte, als er die Einladung akzeptiert hatte, an einem Parapsychologen-Kongress teilzunehmen, aber nur unter der Bedingung, dass kein Parapsychologe anwesend sein solle. »In der Parapsychologie«, hatte er gesagt, »ist alles subjektiv, bis hin zur Verärgerung und Hysterie, weil man keine objektive wissenschaftliche Grundlage besitzt.« Vielleicht hatte er geglaubt, es handelte sich um einen wissenschaftlichen Kongress über die »Parapsychologie« und nicht von Parapsychologen. Er hatte einen dreistündigen Vortrag über »Eschatologie in der Bibel, der Philosophie und der Theologie« vorgesehen. Der gut bekannte Ingenieur Conte Lorenzo Mancini-Spinucci, den ich in Italien häufig auf Kongressen traf, erklärte sich in einem Brief an die genannte Zeitschrift als »Bewunderer Pater Ernettis«. In selbiger Ausgabe entdeckte ich eine sehr wichtige Information. Danach hatte Pater Ernetti bereits am 17. Februar 1979 in der Aula der Universität St. Thomas in Rom vor einem Auditorium von Physikern und anderen Wissenschaftlern einen Vortrag über das Thema »Niemand stirbt«, gehalten, in dem er das physikalische Prinzip des Phänomens der Stimmen aus dem Jenseits und des »Chronovisors« in klarer Form aufdeckte. Es stimmt allerdings, wie Sergio Conti im gleichen Artikel bemerkte, dass, »wenn diese Enthüllung wirklich überzeugend gewesen wäre, man sicherlich mehr darüber gehört hätte«. Hier, muss ich ihm zustimmen. Aber 1986 hatte Pater Ernetti während eines Kongresses in Lago di Garda wieder einige Worte über den Chronovisor gesagt, und danach hatte keiner der Zuhörer oder der anwesenden Journalisten seine Rede aufgegriffen oder ins Lächerliche gezogen.

Pater Ernetti rechtfertigt sich

Kein Zweifel: Um Gewissheit zu erlangen, gab es für mich nur eine Lösung: ich musste Pater Ernetti treffen. Unsere Verbindung war nicht von der Art der Journalisten oder eines wissenschaftlichen Mitbruders. Mir würde er sicherlich - zumindest in begrenztem Umfang - Dinge sagen, die er anderen gegenüber nicht erwähnen würde, insofern sie unsere Freundschaft nicht gefährdeten.

Ich begab mich direkt von Bologna nach Venedig. Vor meiner Abreise versicherte ich mich, dass er mich empfangen konnte. Pater Ernetti reiste viel. Man rief ihn von überall her an und bat ihn, auf Einkehrtagen zu predigen, Vorträge zu halten und so weiter. Doch ich hatte Glück. Er war in Venedig anwesend, und ich hatte erneut den Eindruck, dass er besonders erfreut war, mich wiederzusehen, so als ob er spürte, dass es an der Zeit war, mir einiges zu erklären. Ich befand mich also einmal mehr in Venedig, mit der gleichen Freude und der gleichen Faszination.

Da war der Vaporetto, da die kleine Klosterpforte, die ich so gut kannte, und dann der nette Empfang des Paters. Ehrlich gesagt, ich weiß nicht mehr sicher, mit welchen Fragen ich begann, ob ich, auf die Gefahr hin aggressiv zu erscheinen, sehr direkt vorging zu oder ob ich herumlavierte, um ihm nicht zu sehr den Eindruck des Zweifels zu vermitteln. In meinen Notizen finde ich nur seine Antworten. Natürlich kannte er das Bild von Collevalenza! Er erklärte mir also, dass die Statue das Werk eines spanischen Holzschnitzers war, der sie nach den Angaben einer ebenfalls spanischen Glaubensschwester angefertigt hatte. Diese Klosterfrau, Mutter Speranza, erlebte mystische Erfahrungen. Sie war eine Stigmatisierte, die wie die meisten Stigmatisierten, nicht nur die wichtigsten Episoden der Passion Christi leiblich erlebte, sondern gleichzeitig auch Visionen hatte; immer mit dem Problem, dass die Visionen verschiedener Mystiker niemals völlig übereinstimmen. In der Folge war Mutter Speranza nach Collevalenza in Italien gezogen. Pater Ernetti hatte sie sehr gut gekannt und bis zu ihrem Tod begleitet. Augenscheinlich war es das nach ihren Visionen erstellte Foto des Kruzifixes, das »La Domenica del Corriere« und andere Journale veröffentlicht hatten, aber es kam nicht vom Chronovisor. »Mit dem Chronovisor«, erklärte mir Pater Ernetti, »haben wir ja die Bewegungsabläufe gefilmt. Aber die auffällige Ähnlichkeit dessen, was wir gesehen haben, mit der Skulptur von Cullot Valera stimmt«

»Aber warum dann dieses Schweigen? Warum haben Sie nicht wenigstens all denen geantwortet, die auf eine Erklärung von Ihnen gedrängt haben?«

»Ich war nicht frei. Ich hatte schon zu viel gesagt. Ich erhielt von meinen Oberen ein absolutes Verbot. Sie untersagten mir, weitere Erklärungen abzugeben, auf die Beschuldigungen zu antworten und die Existenz des Chronovisors sowie die Realität der erhaltenen Ergebnisse erneut zu bestätigen. Ich durfte nicht einmal sagen, dass es meine obersten Vorgesetzten waren, die mir das Redeverbot auferlegt hatten, denn dann hätte sich der Druck der Journalisten und ausländischen Geheimdienste auf sie nur verstärkt. Ich hätte sie in Gefahr gebracht. In einem gewissen Sinn haben sie die gegen mich vorgebrachten Beschuldigungen arrangiert. Da ich nicht antworten konnte, entmutigte die Diskreditierung nach und nach alle Neugierigen. Nach dem Beschluss, den Apparat zu zerlegen und das Geheimnis zu bewahren, war es genau das, was die Kirchenoberen geplant hatten.«

Ich spürte, dass Pater Ernetti unter dieser Situation sehr gelitten hatte. Ihm gefiel dieses absolute Stillschweigen überhaupt nicht. Er hätte gewollt, dass man die fantastischen Möglichkeiten dieses Gerätes nutzten sollte, um punktuelle Untersuchungen durchzuführen, und er glaubte, dass man angesichts einiger klug gewählter, Aufsehen erregender Resultate die Existenz des Gerätes außer Zweifel gestellt hätte. Aber die Obersten seines Ordens gehorchten wahrscheinlich den Anordnungen, die direkt aus dem Vatikan kamen, wo man derartige Anwendungen als noch viel gefährlicher einstufte. Pater Ernetti war vor allem Mönch, und er gehorchte.

Später, als ich immer noch und erneut über diese Probleme nachdachte, verstand ich, dass vermutlich diese Situation ihn mehrfach der Möglichkeit beraubt hatte, die Erwartungen der Organisatoren der Kongresse zu erfüllen. Noch im Februar 1979 war Pater Ernetti zu einem parapsychologischen Kongress in Rom eingeladen worden, und hatte im Rahmen des Themas »Niemand stirbt« offen über den Chronovisor gesprochen. Natürlich war seine damals aufgestellte Forderung, Parapsychologen dürften nicht im Saal anwesend sein, wahrhaft paradox und unmöglich einzuhalten, was ihm als Vorwand gedient hatte, sich vom Kongess im Oktober 1979 im letzten Moment zurückzuziehen.

Übrigens war der Gegenstand, den er vorgeschlagen hatte, schon als solcher ein Paradox, wie Sergio Conti angemerkt hat. Alle erwarteten von ihm im Rahmen eines solchen Kongresses Mitteilungen über den Chronovisor. Er aber hatte einen drei Stunden langen Vortrag mit dem Titel »Die Eschatologie in der Bibel, die Philosophie und die Theologie« vorbereitet. Drei Stunden! Ohne Zweifel so gewählt, damit man keine Zeit mehr finden sollte, ihm Fragen über den Chronovisor zu stellen. Dieser Kongress im Oktober 1979 fand nach dem in Rom statt, der im Februar des gleichen Jahres gelaufen war, als Pater Ernetti noch frei über den Chronovisor gesprochen hatte. Hatte man ihm genau wegen der Reaktionen, die durch diesen ersten Kongress beim Vatikan ausgelöst worden waren, Redeverbot über das Gerät erteilt? Es scheint in der Tat, dass er wegen der veränderten Umstände im letzten Moment für den Kongress ein anderes Thema wählte, als die Organisatoren erwartet hatten.

Nach dem Kongress im Oktober 1979 im Rom herrschte für lange Jahre Schweigen. Dennoch gab es eine vermutlich letzte Ausnahme im Rahmen des Kongresses »Die ganze Welt ist Magie«, der am 18. und 19. Oktober 1986 von der astrologischen Zeitschrift »Astra« in Riva del Garda organisiert worden war. Pater Ernetti hielt einen Vortrag über »Theologie, Wissenschaft und Magie« und sprach wieder über den Chronovisor. Darin bezeichnete er ihn als Werk einer Gruppe von Wissenschaftlern, die er lediglich veranlasst habe, die Arbeiten weiterzuführen. Er versteckte sich einmal mehr hinter dem Konjunktiv. Ich glaube, er hat weder die gegen ihn erhobenen Vorwürfe beantwortet noch das Bild des Christus am Kreuz erklärt, denn ich habe in dem veröffentlichten Vortragstext nichts davon gefunden. Wenn er am Ende seiner Rede Fragen beantwortet hätte, müsste ich ein Echo davon in der von Anita Pensotti in der Zeitschrift »Oggi« herausgegebenen Zusammenfassung entdeckt haben. (51) Der Autor dieses Artikels unterstrich lediglich die von mir bereits angesprochene extreme Vorsicht, mit der Pater Ernetti den Chronovisor erwähnt hatte, wobei er niemals in der ersten Person sprach, sondern immer von »einigen Wissenschaftlern, die behaupten, dass ...« Hatte er von oben die Erlaubnis erhalten, nur innerhalb dieser präzisen Grenzen zu sprechen? Aber aus welchem Grund? Jedenfalls behauptete er das meinem Freund Ernst Senkowski gegenüber, der nach dem Vortrag ein kurzes Gespräch mit ihm führte. Danach kam die Autorisierung dessen, was er auf dem Kongress am Gardasee sagte, direkt vom Vatikan. Man könnte sich über die Wahl dieses Schauplatzes wundern: Man stelle sich vor, ein von einer astrologischen Zeitschrift organisierter Kongress. Aber immerhin referierte auch der renommierte Monsignore Corrado Balducci, Experte der Dämonologie und Autor zahlreicher Werke, über das Thema der Besessenheit.

Ein Mitbruder, aber kein echter Bruder

Ich glaube, noch ein Beispiel für die Zweifel geben zu müssen, das zum absoluten Schweigen des Paters beitrug, zu dem seine Oberen ihn gezwungen hatten. 1989 ließ ein italienischer Forscher ein Werk veröffentlichen, dessen Inhalte Pater Ernettis Forschungen recht ähnlich waren.

Es stammte von einem Priester namens Don Luigi Borello (Abb. links), der sich erlaubte, die von ihm verfolgte Methodik und die wissenschaftlichen Grundlagen seiner Untersuchungen, sowie einige Hinweise auf erste Ergebnisse im Detail zu veröffentlichen. In seinem Buch mit dem Titel »Wie die Steine erzählen« griff Don Luigi Pater Ernetti heftig an, indem er unterstellte, er habe nichts anderes getan, als eine alte Hypothese aufzugreifen, die Eduard Rhein um 1937 erwähnt hatte: »Die Wellen, welche von der Erde ausgesandt werden, könnten gelegentlich auf Himmelskörper treffen und zur Erde zurückgesendet werden, wo wir sie dann wieder erlangen könnten.« Ich muss sogleich klarstellen, dass Pater Ernetti in meiner Gegenwart niemals etwas Derartiges erwähnte. Don Luigi besuchte Pater Ernetti in der Santa Cecilia Akademie in Rom, doch dieser hatte ihm nie etwas gezeigt, geschweige denn etwas erklärt. Daher also die heftige Reaktion des Autors dieses Buches. Dennoch brach Pater Ernetti das ihm auferlegte Schweigen und schickte Borelli 1990 einen Brief, in dem er seinerseits heftig protestierte und klarstellte, dass alles, was er über den Chronovisor und den Leidensweg Christi gesagt hatte, die »sakrosankte, unverletzliche Wahrheit« war. In einem neueren Artikel zitiert Don Luigi dazu: »In Ernettis Brief hieß es: Unser Christus wurde 1953 (mittels des Chronovisors) aufgenommen, während die Statue in Collevalenza erst etwa sechs Jahre später entstand. Und als Mutter Speranza ihn auf unserem Foto sah, war sie voller Freude, denn er entsprach ihren Visionen; dies sind historische Tatsachen«.

Und Pater Borello kommentierte weiterhin: »Wenn ich berücksichtige, dass es sich um einen Mann von großem Ansehen handelt, der noch dazu als Priester einem anderen Priester und wissenschaftlichen Kollegen schrieb, ist es klar, dass ich seine Behauptungen nicht in Zweifel ziehen kann. Aber als Wissenschaftler kann ich nur wiederholen, dass Pater Ernetti etwas behauptet, ohne es zu beweisen.«

Pater Ernetti hatte nicht mehr das Recht, sich zu verteidigen und noch weniger, den geringsten Ansatz einer Erklärung zu geben. Die Beleidigung kam von einem Mitbruder, und das tat ihm zweifellos mehr weh, als die Kritik anderer Gegner. Er reagierte seinerseits mit einem privaten Brief an Borello, in dem er sein Schweigeversprechen einhielt. Ich muss an dieser Stelle jedoch einige persönliche Kommentare hinzufügen:

Zu Beginn seines Briefes gibt Pater Ernetti ein Datum an, das vor dem liegt, welches er mir genannt hatte, nämlich 1953 anstelle von 1956. Das kann verständlicherweise die Gründe zum Zweifeln wachsen lassen. »Sie könnten sagen: Man sieht, jedes Mal, wenn er etwas erfindet, verstrickt er sich in seine Lügen«. Ich muss aber darauf aufmerksam machen, dass man ein Gegenargument aufstellen kann. Wer sich als Genie ausgeben möchte, würde seine Märchengeschichte ordentlich aufbauen und sie so exakt im Gedächtnis festhalten, dass sie ihm niemals zum Verhängnis würde. Ich kann die Tatsache bezeugen, dass Pater Ernetti besonders gegen Ende seines Lebens des Öfteren Daten, die er mir gab, veränderte. Immerhin waren schon Jahre vergangen, in denen er seine Forschungen aufgrund seines Gehorsams nicht mehr fortführen durfte. Seine Erinnerungen wurden weniger genau, und er machte sich nicht bei jeder Gelegenheit die Mühe, seine alten Unterlagen auszugraben, um sich nicht im Datum zu irren. Er dachte mit Sicherheit auch nicht daran, dass ein privates Gespräch eines Tages große Bedeutung gewinnen könnte. Überprüfen Sie doch jetzt sofort, ob Sie sich an die Daten aller Ereignisse Ihres Lebens erinnern können, etwa daran, wann Sie eine Fernreise gemacht haben oder wie lange Sie eine bestimmte Person kennen. Ich bezweifle es. Ich selbst muss jedes Mal, wenn ich es für wichtig halte, einen Irrtum zu vermeiden, in meinen biographischen Notizen nachschauen oder mich gelehrten Berechnungen ausliefern.

Ich möchte meine Ausführungen über das Bildnis Christi am Kreuz, noch etwas erweitern. Hat Ernetti der Mutter Speranza wirklich ein Foto gezeigt, das vom Chronovisor stammen soll? Aus dem Brief, den Borello erhalten hat, scheint das hervorzugehen. Ich bezweifle nicht, dass er der Ordensschwester irgendetwas zeigte. Meine Frage lautet: War es ein Abzug (oder eine Vergrößerung) der fotografischen Aufnahme eines »holografischen Bildes«, das sich auf dem Bildschirm zeigte oder war es die Originalfilmaufnahme, die sie gesehen hatte?

Ich bestehe auf diesem Detail, denn mit den Erklärungen, die mir Pater Ernetti gegeben hatte, um mir zu verdeutlichen, dass das in der Presse veröffentlichte Bild nicht vom Chronovisor stammen könne, hatte er selbst auf der Tatsache bestanden, dass sie immer nur bewegte Bilder gesehen hätten. Diese Beharrlichkeit hat augenscheinlich nur dann Sinn, wenn kein fixes »Foto« von diesem Film gemacht wurde. Mir scheint, dass Pater Ernetti in dem privaten Brief an Don Luigi den Begriff »Foto« benutzt hat, ohne dessen möglichen Sinn im Gegensatz zur Vorstellung der Bewegung zu bedenken, und ohne den Zweifel vorauszuahnen, den dieses Wort eines Tages nähren würde.

Jedenfalls reichte dieses private Schreiben nicht aus, um Don Luigi zu einer Meinungsänderung zu bewegen. In einem kurzen Brief an mich vom 8. Mai 2000 schrieb er, er sei noch immer der Ansicht, dass der angeblich mit dem Chronovisor empfangene Text des Stückes »Thyeste« von Ennius von Pater Ernetti stamme. Im übrigen fehlten diesem »völlig die Grundkenntnisse der Physik, und er kannte die Theorie von Cesare Colangeli nicht, ohne die es nicht möglich ist, die in der Materie gespeicherten Spuren der Vergangenheit einzufangen«. Auch hier mache ich meine kleinen Bemerkungen. Don Luigis Ton bezeugt immer noch den Geist des gekränkten Rivalen und seine Bewunderung für Cecare Colangeli erstaunt die Wissenschaftler, welche ich befragen konnte; denn dieser beispiellose Gelehrte ist ihnen nicht bekannt. Für Don Luigi gibt es so oder so nur die eine Wahrheit: seine eigene. Das ist ein bisschen die Tendenz aller großer Forscher. Man muss ihnen das nicht verübeln, aber man muss auch nicht ihrer Meinung sein.

Der Lügner geht zu weit

Also, dieses vielfach in der Presse veröffentlichte Bildnis Christi am Kreuz, das so viele Verdächtigungen und Leidenschaften hervorgerufen hat, genügte, um den Chronovisor und vor allem Pater Ernetti zu diskreditieren, aber wer brachte dieses Bildnis ins Spiel? Und warum? Ich erwähnte bereits, dass Pater Ernetti noch 1993 einem spanischen Journalisten bestätigte, dass dieses Bild nichts mit dem Chronovisor zu tun habe. Es scheint gut vorstellbar, dass Vincenzo Maddaloni der Schuldige war. Ich habe anfangs versucht, mir verschiedene mögliche Szenarien vorzustellen, ohne ihm eine Fälschungsabsicht zu unterstellen. Ich weiß, dass Journalisten manchmal so unerträglich sind, und man am Ende darauf brennt, ihnen einen Knochen zum Abnagen hinzuwerfen, damit sie Ruhe geben. In diesem Sinne hätte der kriegsmüde Pater Ernetti dem Journalisten das Bild aus Collevalenza mit der Bemerkung geben können: »Hier, nehmen Sie, so sah der Christus aus, den wir durch den Chronovisor gesehen haben«. Die Ähnlichkeit der beiden Bilder hätte eine solche Handlung hinreichend gerechtfertigt. Der Journalist wäre einfach (freiwillig oder nicht) ein wenig gezwungen gewesen, die Echtheit als Bild des Chronovisors anzunehmen. Man kann sich aber auch ein anderes Szenario vorstellen.

Ich weiß nicht, ob Maddaloni wirklich ein Bild aus den Händen Pater Ernettis erhalten hat. Er hätte es ebenso gut in vollem Bewusstsein seiner Herkunft aus Collevalenza veröffentlichen können, um Pater Ernetti zu nötigen, seine Reserve aufzugeben. Unglücklicherweise scheint jedoch nach der Veröffentlichung seines neuen Interviews mit Pater Ernetti 1984 eine dritte Hypothese noch wahrscheinlicher: Im Wissen, dass Pater Ernetti zum Schweigen verurteilt war, hätte Maddaloni einfach nur versucht, soviel Geld wie möglich zu machen. Nachdem sein erster Artikel so hohe Wellen geschlagen hatte, ist es nicht glaubhaft, dass er dasselbe Foto ohne ein weiteres Wort der Erklärung erneut als Beweis der Echtheit herausgegeben hätte. Dies ist eine untragbare Frechheit gegenüber den Lesern, gegenüber dem Verleger, der Vertrauen in ihn gesetzt hatte, und letztendlich gegenüber Pater Ernetti. Ein solches Verhalten reicht aus, so scheint mir, um die Unehrlichkeit dieser Person zu beweisen und Pater Ernetti von jedem Verdacht reinzuwaschen.

Der Hauptzeuge

Auch die »unmittelbarste« Zeugin, die ich kennenlernen durfte. hat den Chronovisor nicht mit eigenen Augen gesehen. Aber ihre Aussage ist in meiner Sicht eine der wichtigsten. Während eines Kongresses in Riccione im April 2003 sprach mich eine junge Frau an, um mir mitzuteilen, dass ihre Mutter eine sehr enge Freundin von Mutter Speranza, der stigmatisierten Mystikerin, war, der Pater Ernetti die von seinem Gerät empfangene Kreuzigung Christi gezeigt hatte.

Mutter Speranza (Abb. links) hatte ihrer Freundin anvertraut, Christus in der Form wiedergefunden zu haben, in der er ihr in ihren Visionen der Leidensgeschichte erschienen war. Wir haben damit die Bestätigung dessen, was Pater Ernetti in seinem Brief an Don Luigi schrieb: »Als Mutter Speranza ihn (den Christus) auf unserem Foto sah, war sie voller Freude, denn er entsprach dem ihrer Visionen«. Ich bat sie, mir genau zu sagen, ob Pater Ernetti ihr nur ein Bild gezeigt hätte, wie er in seinem Brief erwähnte hatte. »Nein«, sagte sie mir, »es war ein Film«. Und sie fügte hinzu, ohne dass ich sie gefragt hatte: »Pater Ernetti erklärte Mutter Speranza sogar, dass das Bild Christi, das man als von seinem Chronovisor kommend präsentiert hatte, nicht von diesem stammen könnte, weil die Bilder seines Gerätes viel zu klein und nicht fein genug seien, um eine solche Vergrößerung zu erlauben«.

Das angeblich vom Chronovisor stammende Bild.

Originalbildnis von Collevalenza.

Kapitel V – Ich erhalte endlich meinen Beweis

Quintus Ennius kommt auf die Bühne zurück

Während eines Aufenthaltes in Venedig gab mir Pater Ernetti eigenhändig das erste Beweisstück. Weder ein Bild, noch eine Kassette mit der Stimme des Christus, nichts von alledem! Wohl aber den Text eines kleinen Einakters von Quintus Ennius, empfangen vom Chronovisor. Pater Ernetti hatte darüber auf dem Kongress am Gardasee gesprochen und ergänzte, dass er als Spezialist für präpolyfonische Musik sehr davon beeindruckt war. »Es war eine Rezitation in der dorischen Tonart mit großer suggestiver Kraft«, hatte er gesagt und seinen Vortrag mit einem Lächeln abgeschlossen.

Anita Pensotti wird uns später erzählen, wie dieser Text ans Tageslicht kam. (52) In einer Zeitschrift war ein Artikel erschienen, in dem berichtet wurde, dass ein gewisser Pater »Pellegro« die Unverschämtheit besessen habe, zu behaupten, er habe Bilder und Töne der Vergangenheit empfangen. Der Ton dieses Artikels war von »beißender Ironie«. Aber ein Literaturprofessor vom Kolleg »Amedeo di Savoia« in Jesi war sehr an dieser Thematik interessiert. Er hieß Giuseppe Marasca. Er hatte viel über dieses Problem nachgedacht und war zu einer ähnlichen Hypothese gelangt, wie er sie im besagten Artikel gefunden hatte. Er glaubte sogar, dass die Entdeckung schon vor Pater Ernetti von Nostradamus, in seinem 61. Vierzeiler der 6. Centurie, vorhergesehen worden war. Ich verstehe auch, dass er es glauben konnte, wenn ich die italienische Übersetzung anschaue, die ihm vorlag. Man liest dort tatsächlich: »La grande pista incisa avvolta ne mostrerà forse che alla metà la maggior parte della storia«, was ungefähr heißt: »Die große eingeprägte Spur zeigt aufgerollt vielleicht nur die Hälfte des größten Teils der Geschichte« … Doch leider wird diese Deutung weniger klar, wenn man das altfranzösische Original liest:

»Le grand tappis plié ne monstrera,
Fors qu'à demy la pluspart de l'histoire:
Chassé du regne loing aspre apparoistra,
Qu'au faict bellique chacun le viendra croire«.

»Der große zusammengelegte Teppich wird nichts zeigen
außer zur Hälfte den Großteil der Geschichte:
Von der Regierung weit verjagt, wird er (so) rauh auftreten,
dass ihm jeder bei der kriegerischen Tat glauben wird«.

Auf jeden Fall kann die Idee einer »eingeprägten Spur«, die eingerollt ist, nicht direkt auf das angewandt werden, was der Chronovisor empfangen hatte. Diese Ausdrucksweise würde eher auf einen Film zutreffen, den man von den Bildern und Tönen gemacht haben konnte, die im Chronovisor erschienen. Aber hier handelt es sich wohl mehr um ein magnetisches Band, das um die Erde herumgewickelt ist und alle Informationen der Welt enthält, so glaubte Professor Marasca im Hinblick auf das Modell der berühmten Akasha-Chronik der indischen Tradition. Auf jeden Fall ist ein Teppich kein Band und der authentische Text erwähnt nichts von einer Prägung oder Speicherung auf dem Teppich. Ich weiß, dass ein Teppich oft Muster aus verwobenen verschiedenfarbigen Fäden besitzt - aber nicht immer. Wenn der Text sich auf solche Muster beziehen würde, warum erwähnt er es nicht? Außerdem bedeutet »zusammengefaltet« nicht »zusammengerollt«. Letztendlich findet man beim Weiterlesen der Folge der Vierzeiler nichts, was diese Interpretation bestätigen könnte. Aber sehr überzeugt davon, auf dem richtigen Weg zu sein, schrieb Professor Marasca geradewegs einen Brief an Pater »Pellegro« und schickte ihn ins Kloster San Giorgio. Als Antwort erhielt er den Rat, den Artikel von Pater »Pellegrino« Ernetti in der Zeitschrift »Civiltà delle Macchine« zu lesen.

Als er darin entdeckte, dass Pater Ernetti lange Jahre mit Pater Gemelli zusammengearbeitet hatte, hegte er über den Wert seiner Arbeiten keinerlei Zweifel mehr. Er hatte selbst an der Universität Sacro Cuore in Mailand studiert und wusste daher, dass Pater Gemelli als Mitarbeiter nur Leute mit außergewöhnlichen intellektuellen Fähigkeiten um sich herum akzeptierte. Von diesem Moment an blieb Professor Marasca mit dem »Vater des Chronovisors« ständig in Kontakt. Er war es (dann) übrigens auch, der Pater Ernetti und seinem Team vorgeschlagen hatte, zu versuchen, den Text von Quintus Ennius einzufangen. Pater Ernetti hatte zugesichert, ihn problemlos empfangen zu können. Tatsächlich ließ er ihm wenig später den Text und die Musik zukommen. Anita Pensotti berichtet: »dass Professor Marasca die Blätter fünf Jahre lang eifersüchtig in einem Koffer hütete, ohne sich zu entschließen, etwas damit anzufangen. Nachdem er den Text ins Italienische übersetzt und Pater Ernettis Einverständnis erhalten hatte, erlaubte er schließlich unserem Magazin, einige Textstellen exklusiv zu veröffentlichen«.

Tatsächlich gab das Magazin davon nur 31 Verse heraus, begleitet von Professor Marascas Übersetzung, und zwei Fotos, die zeigten, wie Pater Ernetti die Noten der Musik und den Violinschlüssel in das normale 5-linige Notensystem eintragen konnte. Die Fotokopie des Textes, die Pater Ernetti mir gegeben hat, ist mit Professor Marascas Anmerkungen versehen, der darin elf kurze überlieferte Passagen wieder gefunden hatte, die von drei antiken Autoren zitiert worden waren: von Cicero, einem Zeitgenossen des Quintus Ennius, von Probe, einem Grammatiker aus dem 1. Jhd. nach Christus, und von Nonius Marcellus, einem Autor aus dem 4. Jhd. unserer Zeitrechnung, dem wir viel Aufklärung über antike Autoren verdanken. Die elf Passagen entsprechen 22 Versen des Einakters. Aber der größte Teil des von Ernetti veröffentlichten Textes, der 121 Verse umfasst, war vor dem Einsatz des Chronovisors völlig unbekannt.

Pater Ernetti hatte den Einakter 1986 auf der Konferenz in Riva del Garda mit extremer Vorsicht kommentiert. Er schützte sich durch vielfache Benutzung der grammatischen Bedingungsform. Er stellte nicht seine Person in den Vordergrund, sondern schrieb die Entdeckung einer Gruppe von Wissenschaftlern zu. Er bekannte (aber) trotzdem, dass die Musik des Einakters ein großer Schock für ihn gewesen war. »Es war ein Sprechgesang in dorischer Tonart, die eine ziemlich suggestive innere Wirkung erzeugt«. Doch einige Tage später, vertraute er sich einem Journalisten mit weniger Vorsicht an: »Nach dem, was wir empfangen haben, ist diese Tragödie aus Sicht der Literatur und der Musik einzigartig. Sie steht in einem eher freien Versmaß, in dem sich Pentameter und Hexameter mischen. Das erzeugt einen literarischen Fluss, der für diese Epoche absolut neu ist. Vielleicht wurde dieser Tragödie deswegen eine angemessene Beachtung versagt. Die Musik enthält echte thematische Perlen, die durch ihre Ästhetik überraschen und für die Zeit von 169 v. Chr. zu stark archaisch und orientalisch sind. Der Gesang wurde mit Flöten begleitet und das Händeklatschen ersetzte das Schlagzeug«.

Professor Marasca äußerte jedoch einen Einwand: Er fragte den Pater geradeheraus, wie er die Namen der Schauspieler kennen konnte. »Das war sehr einfach«, antwortete Pater Ernetti, »eine Art Sprecher stellte einen nach dem anderen namentlich vor, so wie sie auf die Bühne kamen«. Nach solchen Kommentaren und einer derartigen Begeisterung werden Sie, liebe Leser und Leserinnen, gut begreifen, dass ich den berechtigten Eindruck haben durfte, damit endlich einen echten Beweis in der Hand zu halten. Doch, so einfach war es nicht.

Mein Beweis verkrümelt sich

Im Jahr 2000 erschien in den USA die amerikanische Version des 1997 publizierten Werkes »Dein Schicksal ist vorherbestimmt« von Peter Krassa. Sie enthält eine ziemlich ausführliche Studie des Einakters »Thyeste« der

Professorin Katherine Owen Eldred, diplomiert in klassischer Literatur an der Universität Princeton.
Diese Dame wurde speziell gewählt, weil sie damals an der Nordwestern Universität in Evanston für postgraduierte Studenten einen Kurs über die entsprechende Tragödie »Thyeste« von Seneca hielt. Sie legte in Krassas Buch eine englische Übersetzung des von Ernetti veröffentlichten Ennius-Textes vor, ergänzt durch einen Vorspann, der von einer historischen Darstellung des Themas in der griechischen und lateinischen Literatur ausging und von einer Analyse des Wortschatzes und Kommentaren begleitet wurde. Ich erfuhr erst vor kurzem von dieser Arbeit, aber da ich dabei bin, Beweise zu präsentieren, denke ich, dass es in diesem Fall besser ist, die chronologische Abfolge meiner Recherchen aufzugeben und schon an dieser Stelle darauf einzugehen. Zu Beginn stelle ich fest, dass Professor Marasca und Dr. Eldred bestätigten, dass der volle Text der Thyeste niemals gefunden und nirgendwo veröffentlicht worden war. Es ist also kein wieder entdeckter, wenig bekannter alter Text, den Pater Ernetti irgendwo hätte ausgegraben können. Sie äußerte jedoch einige Vorbehalte hinsichtlich der Echtheit des Chronovisor-Textes. Im Folgenden gehe ich auf einige ihre Argumente ein:

Zunächst einmal entspricht nur etwa ein Zehntel der 121 Verse des Chronovisor-Textes der Länge, die in den lateinischen Tragödien üblich ist. In den verschiedenen Zeitschriften, die über diesen Text schreiben, wird nie erwähnt, dass Pater Ernetti diese Verse als einfaches Bruchstück eines umfassenderen Werkes präsentiert hätte. Um glaubwürdig zu sein, wäre es ihm als erfahrenem Lateiner gewiss leichter gefallen, nur einige wenige Verse eigenhändig abzufassen und ihnen Zitate beizufügen als eine ganze Tragödie zu schreiben, was ihn beträchtliche Zeit gekostet und ein Mindestmaß an literarischer Begabung erfordert hätte,...
»Sodann erscheinen bei ihm bestimmte Worte, die in der uns bekannten lateinischen Literatur erst 250 Jahre später auftreten. So kehrt beispielsweise das Verb »praeludere« öfter in dem Fragment wieder; aber es erschien erst 250 Jahre nach Ennius erstmalig (in einem Epos des Poeten Statius).« Dr. Eldred stellt fest, es gebe viele Wortwiederholungen, was von einem beschränkten Wortschatz zeuge und bestimmt nicht für Ennius gelte. Sie staunt auch darüber, dass unser Fragment bereits 11 der 24 Zitate enthält, die unter allen antiken Autoren bekannt waren. Sie anerkennt, dass die Gesamtheit des Textes von guter Qualität sei, »doch dies verdanke man den schon bekannten guten wirklichen Zitaten des Ennius.«

Eine Katastrophe! Die Sache ist wirklich nicht einfach. Von dem mir vorgelegten Beweis bleibt wahrlich nicht viel übrig. Allerdings: obwohl ich mit Sicherheit kein Latein-Experte wie Frau Eldred bin, machte ich mich nun nach und daran, ihre Ansicht zu überprüfen.

Gegenargumentation

Es handelt sich sehr wahrscheinlich tatsächlich nur um einen 121 Verse umfassenden Bruchteil einer Tragödie, die viel größer gewesen sein muss. Hatte Pater Ernetti die ganze Tragödie gesehen oder nur diese kurze Passage? Ich weiß darüber nichts. Vielleicht hat er alles gesehen, aber konnte nur einen kleinen Teil davon sichern. Jedenfalls, so sagt uns Anita Pensotti, sollte der von Pater Ernetti vermittelte Text nur als Anhang eines umfangreicheren Werkes mit dem Titel »Fra ginepro tra fisica e metafisica« dienen, in dem Professor Marasca alle Ideen entwickeln wollte, die er seit Jahren mit Pater Ernetti teilte. Die Veröffentlichung einer ganzen Tragödie hätte das Forschungsziel übertroffen. Ich sehe darin also kein hinreichendes Indiz für einen Betrug. Ich denke sogar, dass ein Betrüger einen dahingehenden Verdacht vorhergesehen und eine Entgegnung ausgearbeitet hätte. Pater Ernetti hat mir weder die Einzelheiten der Vorgehensweise genannt, mit der er den Text notierte, noch hat er ausgeführt, ob er mehr davon gesehen hatte, und ich habe nicht daran gedacht, ihn danach zu fragen, einfach weil keiner von uns in diesem Moment an die eventuelle Notwendigkeit dachte, eines Tages genaue Erklärungen abgeben zu müssen.

Die anderen Argumente von Frau Eldred (Abb. links) schienen mir auf den ersten Blick etwas seriöser zu sein. Aber, lesen Sie bitte, was ich nach und nach entdeckt habe. Sie schrieb, das Wort »praeludere« träte mehrfach in diesem Text auf. Man findet es tatsächlich drei Mal, und zwar im Anfang des Gedichtes. Aber das erscheint mir in diesem Kontext als ganz normal. Des Weiteren verstehe ich nicht warum, sie dieses Verb im zweiten Vers mit »to shed light« (Licht verbreiten oder ausschütten) übersetzt. Ich finde diese Bedeutung nicht in meinem Wörterbuch, und die üblicherweise verwendete Form scheint hier weit besser zu passen: »Dic, age, Musa lenis, meumque praelude cantum«. »Sprich, auf geht's, freundliche Muse, spiele den Auftakt zu meinem Lied«. Ich weiß ganz und gar nicht, woher sie die Idee des »Lichtes« geholt hat. Die Wurzel »ludere« bedeutet »spielen, sich amüsieren«. Ohne Zweifel hat sie es mit dem Wort »praelucere« verwechselt. Dann übersetzt sie dieses Wort in zwei anderen Passagen richtig. Ich füge hinzu, dass das

Wort »age« (oder »agite«, »agitedum«) den Wert eines ermutigenden fordernden Ausrufs hat. Laut Wörterbuch haben die lateinischen Vokabeln die gleiche Bedeutung wie die französischen Worte »allons«, »allez« oder die deutschen Rufe »los« und »auf geht's«. Es handelt sich um eine Bewegung der Seele und nicht des Körpers. Außerdem heißt das lateinische »age« mit Sicherheit nicht »komm«, wie es Frau Eldred übersetzte. Sie fühlt selbst, dass da eine Schwierigkeit vorliegt und vertauscht die Reihenfolge der ersten beiden Worte, um den Sinn »Come, speak, gentle Muse«. (Komm, sprich, freundliche Muse …) herzustellen. »Dic, age, Musa lenis«, heißt es im Lateinischen. Wenn »agere« eine Bewegung ausdrückt, bedeutet es »stoßen antreiben, manchmal auch »jagen, verfolgen«, aber sicher nicht »kommen«. Ich möchte nicht boshaft sein, aber dennoch, zwei dicke Fehler in den ersten beiden sehr kurzen Versen, die zusammen nur aus 7 Worten bestanden, ist zu viel! In einem Examen »würde man das nicht verzeihen«, wie unsere Pennäler heutzutage sagen. Und schließlich am Ende ihrer Übersetzung, in ihren kritischen Kommentaren, genau an der Stelle, wo sie sich selbst über das Erscheinen des Wortes »praeludere« zu dieser Zeit und sein häufiges Vorkommen in den Versen wundert, beginnt sie wieder damit, es mit dem Wort »praelucere« zu verwechseln. Also wirklich, sie sollte weniger schnell arbeiten.

Aber ist es wirklich das Wort »praeludere«, das in anderen Texten erst 250 Jahre nach dem Tod des Ennius erscheint? Jedenfalls fällt es mir schwer, zu sehr auf dem Datum des Aufkommens eines Wortes in der lateinischen Literatur zu bestehen, wenn man beispielsweise weiß, dass von seinem wichtigsten Werk, den »Annalen«, nur noch 600 Verse vorhanden sind, obgleich - wie berichtet wird - das Original länger war als Homers »Ilias«. Ennius schrieb mindestens 20 Theaterstücke, von denen es nur noch Fragmente gibt. Besonders, wenn man weiß, dass dies die gesamte lateinische Literatur und vor allem diese Epoche betrifft. Ich füge hier hinzu, dass man im Gebrauch der Wortschatzanalysen immer äußerst vorsichtig sein sollte. Vor langer Zeit wurde festgestellt, dass sich mit dieser Methode beweisen ließe, das Stück »Les Plaideurs« könne nicht von Jean Racine geschrieben worden sein, da man in dessen Wortschatz nicht den seiner Tragödien findet. Andere Autoren strengten sich an, mehrere Shakespeare zu unterscheiden. Um auf ein solches Argument zurückzugreifen, sollte man sich in keinem einzigen Wort irren.

Schauen wir mal, wie es weitergeht. Die »Nichtlateiner« mögen mir verzeihen, aber ich glaube, die folgende Darlegung ist der Mühe wert, und bin ich überzeugt, dass Sie ihr im Großen und Ganzen trotzdem folgen können: Im dritten Vers bringt Dr. Eldred »levi« (Dativ oder Ablativ) zur Übereinstimmung zu »nemoris« (Genetiv)! Sie macht aus »aura« eine direkte Gegenstandsergänzung, als ob es »auram« wäre; sie übersetzt »furorem« mit »madness« (Verrücktheit oder Wahnsinn), wo es doch in diesem Zusammenhang von den besten Autoren eindeutig als »poetischer Eifer« bestätigt ist. Um einen guten Eindruck zu machen, nimmt sie am Anfang des vierten Verses »laudes« als Konjunktiv des Verbs »laudare«, wo es sich sicher um die den Akkusativ Plural »laus« handelt. Sie wurde durch ihre eigenen vorangegangen Irrtümer praktisch zu diesen Fehlern gezwungen, weil jeder einen anderen nach sich zog, wie beim Fall einer Reihe von Dominosteinen. Sollte ich wirklich weitermachen? Mir scheint, die Hypothese einer zu schnell durchgeführten Arbeit reicht nicht aus, die vielen Fehler zu erklären. Nachgerade sollte man sich fragen, ob diese, an der Princeton Universität diplomierte Dame überhaupt einige Grundkenntnisse der lateinischen Grammatik besitzt. Sechs schwerwiegende Fehler in 17 Worten sind ein hübsches Tempo für eine Kreuzfahrt. Leider schwächte sich ihre poetische Gabe bis zum Ende ihrer »Übersetzung« nicht ab. Offensichtlich führen diese Fehler zu einer Reihe von Ungereimtheiten. Zu einem wahren »Matschebrei«! Am amüsantesten ist es, dann noch ihre Kommentare zu sehen. Sie glaubte den Text, den man ihr unterbreitet hatte, Strophe für Strophe zu analysieren. Das sieht zwar sehr wissenschaftlich aus, aber sie tat nichts anderes, als ihren eigenen Widersinn zu glossieren und dann beispielsweise noch darüber zu staunen, dass der Autor Quintus Ennius im Buch vonPeter Krassa von »Verrücktheit« schreibt oder sogar vom »Loben« dieser (meiner) »Verrücktheit« (»praise my madness«) und so weiter. Ich jedenfalls halte ihre Übersetzung für Schwachsinn, nicht aber für eine korrekte Wiedergabe des Textes. Kann man also, unter den vorgegebenen Bedingungen, den literarischen Wert des Textes überhaupt beurteilen? Dies würde vor allem, sagt uns Dr. Eldred, von der Anzahl der Zitate herrühren, die bereits bei anderen antiken Autoren gefunden worden waren. Jedenfalls umfassten diese alten Zitate nur 22 Verse der 121. Es liegt an jedem einzelnen, abzuschätzen, ob diese 22 Verse für sich genommen den literarischen Wert des ganzen Werkes gewährleisten könnten.

Professor Marasca scheint weder Schwierigkeiten mit dem Stil noch mit dem Vokabular des Chronovisor-Textes gehabt zu haben. Er kennt sein Latein. Er war für seine paranormale Entstehung aufnahmebereiter. Er hatte in Rom an Pater Ernettis Vortrag am 17. Februar 1979 teilgenommen. Wir können die Ehrlichkeit des Professors kaum bezweifeln, weil, wie wir gesehen haben, Sergio Conti, der heftige Ankläger Pater Ernettis, erklärte, für »ihn eine aufrichtige Freundschaft und eine hohe Wertschätzung zu empfinden«.

Kapitel VI

Bewegung in der ewigen Gegenwart

Als ich in Gedanken die Erinnerungen an Ernetti noch einmal vorüberziehen ließ, mich an die wertvollen Aussagen der Menschen erinnerte, die ihn seit Jahren kannten und mit ihm gearbeitet hatten, verflogen alle Zweifel. Doch was den Chronovisor betraf, so kamen immer wieder Zweifel in mir auf. Weniger wegen der Geschichte des Christusbildes, hinter der ich sehr schnell die Machenschaften recht skrupelloser Journalisten vermutet hatte. Hier waren mir Pater Ernettis Erklärungen als ausreichend erschienen. Es waren auch nicht die berechtigten Fragen in Bezug auf die Echtheit des Ennius-Textes, die man sich immer noch stellen konnte. Es war ganz klar, dass man daraus keinen absoluten Beweis ableiten konnte. Ich war mir dessen durchaus bewusst, auch schon vor den schlecht gestützten Zweifeln von Frau Eldred. Nein, all dies blieb relativ zweitrangig. Der wahre Grund des Zweifels, der ständig in mir aufkam und den ich nicht vertreiben konnte, lag vielmehr in der Ungeheuerlichkeit einer derartigen Entdeckung selbst, die gleichermaßen fantastisch und unglaubwürdig, wunderbar und furchterregend erschien. Ich schwankte zwischen diesen beiden Möglichkeiten, ohne jemals zu einem endgültigen und befriedigenden Ergebnis zu gelangen.

Ein Wissenschaftler kommt mir zu Hilfe

Gott sei Dank, ich habe das Glück, unter meinen Freunden einen wahren Wissenschaftler, einen wahren Gelehrten zu haben. Und was in meinen Augen einen echten von einem falschen Wissenschaftler unterscheidet, ist die Tatsache, dass seine Wissenschaft ihn nicht in irgendwelche sozial erworbenen Dogmen eingesperrt hat. Er bleibt für alles offen, abwechselnd begeistert und verwirrt von der außergewöhnlichen Fantasie der Natur, ihrer freizügigen Vielgestaltigkeit, ihren Abscheulichkeiten und ihrer trotz allem außergewöhnlichen Harmonie. Er ist ein Opfer seiner unersättlichen Neugier, seiner kindlichen Ungeduld, angesichts dessen, was er nicht versteht. Kurzum, ein wahrer Gelehrter. Sein Spezialgebiet ist die Erforschung des Verhaltens von Tieren, wie Bienen oder Ameisen. Das half ihm vielleicht auch dabei, eine gewisse intuitive Kenntnis des Menschen zu entwickeln. Er verkehrte hinreichend lange in wissenschaftlichen Kreisen, um schnell zu verstehen oder zu durchschauen, was sich hinter den offiziellen Masken verbirgt, die jeder aus Schutz vor seinen Mitbrüdern spazieren tragen muss. Die Intoleranz in den öffentlichen wissenschaftlichen Kreisen ist heutzutage größer als in der katholischen Kirche.

Ich war wieder unterwegs nach Venedig, einer halb toten und doch sehr aktiven Stadt. Überschwemmt von Touristen, die sie übersäen wie Fliegen eine Leiche. Doch dieses Mal bin ich nicht allein beim Durchschreiten der kleinen Klosterpforte. Mein Freund, Professor Rémy Chauvin (Abb. unten links), ist bei mir. Ich lasse ihm das Wort:

»Wenn das, was man mir gesagt hat, wahr ist, handelt es sich schlicht und einfach um die erstaunlichste wissenschaftliche Entdeckung aller Zeiten, die mehr Aufsehen erregen würde als die Atombombe. Ich liebe Science-Fiction, vor allem wenn sie sachlich ist ... Aber ich hüte mich vor der Behauptung, dass eine Sache unmöglich sei: Jedes Mal, wenn man das in der Wissenschaft gesagt hat, wurden wir gezwungen, einzuräumen, dass wir eine Dummheit machten. Andererseits erinnere ich mich an die ungeheure Behauptung der Quantenphysiker, es gäbe weder Vergangenheit noch Zukunft, sondern nur eine »ewige, unbewegte Gegenwart«, und die Bewegung würde allein durch das Bewusstsein des Menschen ausgelöst. Sie behaupten dies mit der größten Kaltblütigkeit, als wäre es eine offensichtliche Sache. Vielleicht ist also die Hypothese einer Versetzung in der Zeit nicht so verrückt, denn es würde sich nur um eine Verlagerung in der ewigen Gegenwart handeln ...«

Wir sind also im wunderschönen Kloster von San Giorgio angekommen. Ich bin persönlich sehr berührt. Vor uns Ernetti, groß, schmal und bleich. Er wird uns bestätigen, dass er sehr krank ist. Er sagt es von sich aus und scheint glücklich darüber zu sein, Gesprächspartner zu finden. Ja, er ist durch die Zeit gereist. »Alle Vibrationen sind registriert«, erklärt Ernetti. - Und die Zukünfte? Als Antwort erhalte ich nur ein Lächeln. »Aber wenn sie in die Zeit reisen können, könnten sie dies auch in der Raumzeit? Zum Beispiel, um nachzuschauen, was auf dem Planeten Mars geschieht? « - »Ja, das wäre möglich«, antwortet Ernetti wieder mit einem Lächeln. So sprachen wir auch über all das, was Père Brune schon bekannt war. Über die Leidensgeschichte Christi, über das Schweigen der Kirche und über die Gefahren dieses Gerätes. »Aber, Lieber, was sie entdeckten, werden auch andere eines Tages entdecken«. »Ich glaube nicht«, antwortet Ernetti, »es müsste ein unerhörter Zufall sein.« »Sie wissen, ihre Argumentation liegt seit 40 Jahren vor, und die Zahl der Wissenschaftler mit dem nötigen Niveau für die Durchführung solcher Forschungen war noch sehr klein. Doch jetzt nimmt sie von Jahr zu Jahr sehr schnell zu. Früher oder später wird es anderen gelingen, das wieder zu finden, was Sie uns verbergen.« An dieser Stelle spüre ich, dass Ernetti ins Wanken gerät, aber er sagt nichts.

Nach dreistündiger Unterredung bringt uns der Vaporetto zurück ins Zentrum. Ich bin benommen. Dieser ruhige und aufrichtige Mann hatte doch nichts von einem Fanatiker. Er erfreute sich eines guten Rufes in der Kirche, auch als Exorzist. Ich vergaß zu erwähnen, dass wir ihn an jenem Tag per Telefon einen Exorzismus durchführen sahen: »Diese italienischen Teufel (in diesem Fall darf man es sagen)«.

In Wahrheit handelte es sich in diesem Fall überhaupt nicht um einen Exorzismus, im Sinne einer gewaltsamen Austreibung von Dämonen, sondern mehr um eine Art Befreiungsgebet, mit dem man einer psychisch fragilen Person die Angst nimmt. Ein richtiger Exorzismus ist eine völlig andere Sache!

Mein Freund Professor Chauvin zog aus der Unterhaltung die Überzeugung, dass dieser merkwürdige Mönch aus Venedig nicht log. Es war nicht möglich, eine so fantastische Entdeckung verstauben zu lassen. In seiner Neugier und angeborenen Ungeduld bedrängte er mich mit dem Versuch, mehr darüber zu erfahren.

Das letzte Treffen mit Ernetti

Ich wusste seit einiger Zeit, dass die Gesundheit meines Freundes, des merkwürdigen Mönchs aus Venedig, sich langsam verschlechterte. Bei mehrfachen Wiederholungen, ihn telefonisch zu erreichen, hatte man mir vom Kloster gesagt, dass er sich wieder einmal im Krankenhaus befand. Ich spürte also, dass die Zeit drängte.

Am 1. November 1993 befand ich mich erneut in der Stadt der Dogen. Ernetti empfing mich freudig, und ich muss zugeben, dass wir beide für einen Augenblick, seine gesundheitlichen Probleme völlig aus den Augen verloren. Er erschien erneut in bester Form. Er hatte seinen Platz in seinem großen Büro wieder eingenommen und alles schien wie gewohnt abzulaufen. Wie jedes Mal erörterten wir auch viele andere Themen, die den Chronovisor nicht betrafen. Zu diesem aber sagte er mir immerhin, dass er und die zwei letzten noch lebenden Wissenschaftler, die daran gearbeitet hatten, vom Vatikan am 30. September 1993 einberufen worden waren, um vor eine Kommission von internationalen Wissenschaftlern und vier Kardinälen zu treten. »Man hat ihnen alles gesagt«, bestätigte er mir.

Ich hätte vielleicht versuchen können, noch mehr in Erfahrung zu bringen. Aber zu dieser Zeit hatte ich es noch nicht in Betracht gezogen, über dieses Thema ein Buch zu schreiben. Ich hatte einige Artikel veröffentlicht. Ich glaubte nicht, mehr darüber sagen zu können. Was mich außerdem zurückhielt, war meiner Erinnerung nach, die relative Überraschung, denn ich hatte immer empfunden, dass Ernetti hinsichtlich der Zukunft seiner Erfindung keinerlei Vertrauen in den Vatikan setzte. Er bedauerte, dass man diesen Apparat so schnell demontiert hatte. Er dachte, man hätte sich seiner bedienen können, um außergewöhnliche Entdeckungen in der Archäologie machen zu können oder um große Ereignisse der Vergangenheit zu bestätigen. Im Laufe meiner späteren Treffen mit Pater Ernetti hatte er mir bereits einige Episoden ihrer Untersuchungen erzählt, die er seit dem ersten Mal nicht erwähnt hatte. Ich wusste zum Beispiel, dass sie die Zerstörung von Sodom und Gomorra in einer Art gigantischer Explosion aufgefangen hatten, die in etwa einer unserer Atombombe glich. Er bestätigte mir auch, dass sie die Szene des Moses, als dieser die 10 Gebote erhielt, empfangen hatten und nun im Besitz des authentischen Textes wären. In verschiedenen Artikeln habe ich außerdem gefunden, dass er gelegentlich von ähnlichen Entdeckungen sprach, die von Amerikanern durchgeführt wurden, mit denen er zusammengearbeitet hatte, und dass er immer noch ihre Bestätigung erwartete, um unbehinderter sprechen zu können. Dies wurde mir später durch neuere Dokumente bestätigt.

Wir haben auch die Furcht um unsere Freiheit diskutiert. Die Gefahr ist real, darüber waren wir uns einig. Aber, ohne dass wir uns dessen bewusst waren, schwand auch dieser Geheimnisspielraum langsam durch andere Technologien. Schon erreichen die Satellitenbilder eine Auflösung von 1 Meter. Man kann nichts mehr bauen, ohne dass es geortet wird. Man kann bereits den Weg eines Lastwagens oder sogar eines speziellen Fahrzeugs verfolgen. Unsere Gespräche mit dem Mobiltelefon erlauben die Feststellung all unserer Bewegungen. Wir erscheinen alle in einer Menge von elektronischen Speichern, ohne es zu wissen. Wir sind zwar füreinander noch nicht vollständig transparent, aber unser Privatleben ist schon lange nicht mehr ganz privat. Werden wir also nicht ohnehin veranlasst sein, unsere Lebensweise infolge dieser Evolution zu transformieren?

Ich erinnere mich auch daran, dass ich ihn gegen Ende unserer Unterhaltung darauf aufmerksam gemacht hatte, dass mein Buch »À l'écoute de l'au delà« (Das Jenseits hören), an dem Prof. Rémy Chauvon mitgearbeitet hatte, voraussichtlich bald ins Italienische übersetzt würde. Er hatte mich gebeten, ihn rechtzeitig in Kenntnis zu setzen. Er war bereit, das Schweigen, das man ihm auferlegt hatte, zu brechen und sich zur Geschichte des

Bildnisses von Collevalenza zu rechtfertigen. Es war das letzte Mal, dass ich ihn auf dieser Erde sah. Am Freitag, dem 8. April 1994, erlitt Ernetti einen Rückfall. Gegen 15 oder 16 Uhr rief er seinen Neffen Aprilio an, um ihn zu verständigen, dass man ihn ins Krankenhaus brachte. Auf dem Boot fühlte er sich so viel schlechter, dass man beschloss, ihn in ein anderes Hospital zu bringen, wo er am gleichen Tag gegen 17 Uhr verstarb.

Um dem Leser die Möglichkeit zu geben, sich selbst eine kleine Vorstellung davon zu machen, wie Ernetti im tiefsten Innern war, erlaube ich mir, hier einige aus seiner Hand stammende Zeilen wiederzugeben, zusammen mit einem Foto, das 1991 anlässlich seiner 50-jährigen Klosterzugehörigkeit aufgenommen wurde. Wohlgemerkt: Jeder wird sie, je nach seinem Glauben und seiner Empfindsamkeit, würdigen, aber ich meine, dass auch sie ein Element sind, das dieser Akte einzufügen ist.

Gesù mio, misericordia mia,
abbi pietà di me;
Gesù mio, speranza mia,
nella vecchiaia non
abbandonarmi
Gesù mio, salvezza mia
donami la luce del tuo volto
Maranatha = Vieni, Gesù, ti aspetto!

Mein Jesus, meine Barmherzigkeit,
habe Gnade mit mir;
Mein Jesus, meine Hoffnung,
im Alter verlass mich nicht;
Mein Jesus, mein Heil,
gib mir das Licht deines Gesichtes,
Maranatha = Komm, Jesus, ich warte auf dich!

Und hier noch dieses:

Gesù, tu sei il mio tutto
io sono il tuo niente
prendi questo tuo niente,
donami il tuo tutto
ed io saro tutto tuo

Jesus, Du bist mein Alles,
ich, ich bin Dein Nichts;
Nimm das Nichts das Dein ist,
gib mir Dein Alles,
und ich wäre ganz Dein

Kapitel VII

Mitten im Übernatürlichen

Es kommt ziemlich oft vor, dass viele »Sehende« an meinen Vorträgen teilnehmen. In ihren öffentlichen Sitzungen versuchen solche Medien, viel mehr über die persönlichen Lebensprobleme eines Klienten herauszufinden, als diesem bewusst ist, oder mit Verstorbenen Kontakt aufzunehmen. Vor einigen Jahren legte ich einer »Seherin« Fotos von meiner Mutter, meinem Vater und einigen Freunden auf den Tisch, ein bisschen auch in der Hoffnung, auf diese Weise eine Verbindung mit ihnen zu finden, aber vor allem, um mir bewusst zu machen, ob dieses Phänomen wirklich existiert und seine Komplexität indirekt zu erforschen. Für mich persönlich gibt es schon seit Jahren keinen diesbezüglichen Zweifel mehr. Es ist wahr, dass manche Menschen mit einer gewissen Art außerordentlicher Sensibilität begabt sind, die es ihnen ermöglicht, Dinge zu »sehen« oder zu »hören« , die wir nicht wahrnehmen können.

Was die Medien mir sagten

Ich gebe zu, dass ich mitunter tatsächlich nach Zeichen gesucht habe: Soll ich meine Untersuchungen fortsetzen? Sind sie die Mühe wert? Können sie eine Gefahr für die Evolution der Menschheit darstellen? Oder im Gegenteil helfen? Oft hatte ich überhaupt nichts erfragt. Allein die Tatsache meiner Anwesenheit im Saal lenkte einen jenseitigen Eingriff auf mich.
Hier sind einige Auszüge aus dem, was ich durch die Vermittlung verschiedener, nach meiner Überzeugung sehr aufrichtiger Medien empfangen habe:
»Ja, man wird mir helfen. Man wird mir Dokumente zugänglich machen. Es gibt noch nicht veröffentlichte Entdeckungen. Ich habe zwei Jahre verloren. Wissenschaftler werden sich mit diesem Problem befassen. Der Weg wird lang sein. Ich habe noch nicht mehr als eine Vorstufe. Ernetti führt seine Recherchen im Jenseits weiter. Was ich bekannt machen werde, wird keine Katastrophe heraufbeschwören. Andere werden vergeblich versuchen, die Zeit zurückzuholen.«

Ein anderes Medium beschreibt, was es versteht:
»Ernetti wollte gewisse Dinge umstoßen. Er ist über die Normen hinausgegangen. Er will mich von bestimmten Bindungen befreien. Er lässt mir sagen: ›Deine Freiheit liegt in dir‹.« Er hat einen doppelten Gesichtspunkt,

so verstand es das Medium. Er war nicht immer liebenswürdig, aber immer gerecht. Ich war in einem guten Teil seines Lebens von Bedeutung (so scheint es!). Man wollte ihn beerdigen, bevor er tot war; nicht wirklich lebendig begraben, sondern im übertragenen Sinne: man hat ihn behindert. »Übernimm die Fackel«, lässt er mir sagen. »Lass dir keine Haube aufsetzen« *(wenn es sich um eine Bischofshaube handelt, laufe ich wahrlich keine Gefahr).* ›Lass dich nicht unterdrücken, wie man es ihm angetan hat. Gehe bis an die Grenzen deines Mutes. Gewinne das, was ich nicht erwerben konnte. Du wirst niemals in die Falle geraten‹. Dann zeigt man dem Medium ein Symbol: einen Kasten, innen mit Stoff ausgelegt, mit einem nagelneuen Kelch *(die Vision scheint einem Hostienschrein zu entsprechen, vielleicht ist dies ein Symbol einer Neuen Kirche oder einer Erneuerung der Kirche?)«*

Kam all dies wirklich von Ernetti? Oder von jemand anderem? Erfasste das Medium nur das in meinem Unbewussten, was ich mir wünschte, was mich bestärkte, um meine zukünftige Mission, an die ich zu glauben versuchte, zu unterstützen? Wurde ich von irgendwelchen Entitäten aus dem Jenseits manipuliert, um mich von wichtigeren Aufgaben abzuhalten? All dies war schrecklich unbefriedigend. Ich sollte jedoch bald Gelegenheit haben, einen Schritt voranzumachen, indem ich eine Quelle zurate zog, die verlässlicher war als alle Medien der Welt.

Ein mystischer Kontakt

Ich bin Priester und auch ein wenig Theologe. Wahrscheinlich gehöre ich zu den wenigen Zurückgebliebenen, die immer noch an Engel glauben. Sie werden übrigens bemerken, dass Engel derzeit eine starke Wiederkunft erfahren, obwohl die meisten Theologen nicht mehr an sie glauben. Es ist schwer, sie aus den Evangelien oder den anderen Texten des Neuen Testaments auszumerzen. Sie mischen sich ständig ein. Unsere Intellektuellen versuchen, sie loszuwerden, indem sie erklären, es handele sich nur um eine Redeweise für Primitive; aber sie sind trotzdem da. Noch schwieriger ist es, sie nicht im Leben der Heiligen zu berücksichtigen. Viele Heilige bestätigen, sie gesehen, mit ihnen gesprochen und Hilfe von ihnen empfangen zu haben. Es ist wahr, dass die gewöhnliche Ikonografie des Abendlandes sie oft in Misskredit gebracht hat.

Wenn nur die gut genährten (Wonneproppen-)Engelein der Barockkunst betrachtet werden, fällt es allerdings schwer, ernsthaft an ihre Existenz zu glauben. Wenn wir uns aber ihr Eingreifen, z. B. in dem berühmten Buch »Die Antwort der Engel« (53) anschauen, können wir nur sagen: Welche

Majestät! Und – am Rande erwähnt – die Christen des Orients haben die Engel in ihren Ikonen niemals als kindlich-kindisch dargestellt, wie man es oft im Westen getan hat. Das Gleiche gilt für Gott und den alten Bärtigen, der Ihn repräsentieren soll. Wachsen Sie über alle diese Karikaturen hinaus und Sie werden bald einräumen, dass es nicht absurd ist, an die mögliche Existenz einer großen Zahl von Wesenheiten zu glauben, die in anderen Dimensionen leben und mit unseren Sinnen nicht wahrgenommen werden können. Manche Medien können unsere Verstorbenen sehen, hören und mit ihnen sprechen, während wir sie nicht sehen und hören. Hier mein Bericht, wie ich den sehr wertvollen Rat eines »Engels« empfing.

Schon seit einiger Zeit bereitete ich ein Buch über außergewöhnliche Phänomene im Allgemeinen vor. Ich wollte sie miteinander in Beziehung setzen. Viele erscheinen nur aufgrund unserer aktuellen Unkenntnis als außerordentlich. In alten Zeiten regte der Donner die Fantasie an, ebenso wie der Blitz, der die Körper treffen konnte. Man sah darin unschwer ein direktes Eingreifen übernatürlicher Mächte, Mahnungen oder Warnungen von Göttern. Andere entsprechen einer gewissen Überlagerung unserer Welt mit dem Jenseits, ohne dass jedes Mal Wunder oder Teufeleien auftreten. So verhält es sich zumeist bei allen medialen Phänomenen und auch bei der Instrumentellen Transkommunikation. Wieder andere ungewöhnliche Ereignisse stammen sicher von dunklen und furchterregenden Mächten, wie etwa die Phänomene der »Besessenheit«, von denen die Kirche nicht mehr in ausreichendem Maße spricht. Und wieder andere schließlich kommen von Gott und begleiten häufig die mystischen Erfahrungen, wie Bilokation, Stigmatisation usw.

Um den letzten Fall zu erörtern, könnte ich mich auf die schon in Frankreich sehr bekannte Mystikerin Marthe Robin berufen, wie auch auf Schwester Yvonne-Aimée de Jésus aus dem Kloster Malestroit, über deren Leben aber bereits sehr viele Werke vorliegen. Mir scheint es interessanter, hier an eine italienische Mystikerin zu erinnern, die in Frankreich und Deutschland noch völlig unbekannt ist:
Natuzza Evolo. Sie präsentiert eine beeindruckende Gesamtheit all dieser Phänomene: Sie sieht die Verstorbenen wie die Lebenden, sodass sie sie oft verwechselt; die Toten bemächtigen sich manchmal ihres Kehlkopfes und sprechen durch sie; oft geschieht es, dass sie (jenseitige) Aufträge, auch in sehr großer Entfernung, bilokativ ausführt, wobei sie sich an zwei Orten gleichzeitig aufhält; am Karfreitag erlebt sie die Leidensgeschichte Christi. Bei ihr manifestiert sich auch ein Phänomen, das in der Geschichte der Mystik einzigartig dasteht: Wenn man die aus ihrer Haut austretenden Blutstrop-

fen abwischt, bilden sich aus ihrem Blut sehr feine Schriftzüge und Muster auf dem Taschentuch.

Ich besuchte sie nicht nur, um mit Material zur Dokumentation und zu den Zeugenaussagen über ihr Leben beizutragen, sondern auch, um sie persönlich zu meinen eigenen privaten Problemen um Rat zu fragen, zu meiner Situation in der Kirche, meiner Mission der besonderen Art ohne Auftrag und so weiter.

Das etwas größere Örtchen, in dem sie lebt, ist nicht leicht zu erreichen. Man muss das Flugzeug in Rom oder Mailand wechseln, um in Lamia Terme auf einem kleinen Flughafen im äußersten Süden des italienischen Stiefels zu landen. Danach muss man mit dem Taxi noch eine sehr lange Strecke zurücklegen. Es war eine dunkle Winternacht. Mein Fahrer verlor die Orientierung und machte einen langen Umweg. Glücklicherweise wurde ich am Ende meiner Reise sehr brüderlich in einem Pfarrhaus aufgenommen.

Ein erstaunliches Kennzeichen des Falles Natuzza Evolo (Abb. links) ist, dass diese Mystikerin auf sehr gutem Fuß mit dem Klerus steht. Sie ist keinerlei systematischen Verdächtigungen und verleumderischen Denunziationen ausgesetzt, wie es bei Pater Pio der Fall war. Es ist aber auch richtig, dass sie früher ihren eigenen Teil zu tragen hatte. Die Psychiater wollten sie für verrückt erklären, und die Priester haben sie wie eine Besessene exorziert. Jetzt aber wird sie vom Klerus beschützt, der sie nicht nur respektiert, sondern auch versucht, ihre Botschaft der Liebe zu verbreiten. Die paranormalen Tatsachen, die in ihrer Anwesenheit mehr und mehr zunehmen, waren Gegenstand peinlich genauer Untersuchungen und wichtiger Veröffentlichungen.

Wenn ich hier von ihr berichte, geht es nicht um meine Reisen. Am 7. und 8. Dezember 1997 hatte ich zweimal die Möglichkeit, mit Natuzza von Angesicht zu Angesicht zu sprechen. Ich konnte ihr meine Fragen in voller Freiheit stellen. Wie üblich kam die Antwort nicht von ihr, sondern von ihrem Schutzengel. Nennen Sie ihn »(Geist)Führer« oder »Kontrollinstanz«, wie immer Sie mögen, wenn Ihnen der religiöse Wortlaut unangenehm ist. Aber in dieser Weise laufen ihre Kontakte grundsätzlich ab. Ihr Schutzengel nennt ihr Namen griechischer Herkunft von »unmöglichen« Medikamenten, von denen sie überhaupt nichts verstehen kann, die sie aber immer naturgetreu wiedergibt. Er gibt ihr Antworten in ausländischen Sprachen, von denen sie kein Wort versteht. Sie selbst ist unfähig, das offizielle Italienisch zu sprechen. Sie spricht nur in ihrem kalabrischen Dialekt und war ganz erstaunt darüber, dass ich als Ausländer imstande war, sie zu verstehen. Der Verlauf der Ereignisse zeigte jedes Mal, dass ihre Antworten richtig waren.

Was mich am meisten an ihr beeindruckte, ist der tiefe und klare Blick, den sie trotz ihrer schwarzen Augen besitzt. Ich fühlte jemanden mit einer absoluten Transparenz, völlig von sich befreit, selbstlos. Ich hatte das bisher nur von einigen Mönchen des Berges Athos gekannt.

Nachdem sie, oder besser gesagt ihr Schutzengel, meine persönlichen Fragen beantwortet hatte, fragte ich, was ich denn von dem Chronovisor halten sollte. Natürlich hatte sie nie etwas davon gehört und wusste noch nicht einmal, um was es sich handelte. Sie schaute ins Leere, ein wenig zu ihrer rechten, also zu meiner linken, in die Richtung ihres Engels und antwortete: »E tutto sincero« (Es ist alles aufrichtig). Dann schaute sie erneut an mir vorbei und fügte in Bezug auf Ernetti hinzu: »Oh! Aber er ist schon sehr, sehr weit aufgestiegen. Er ist eine hoch entwickelte Seele«.

Man machte mich darauf aufmerksam, dass »sincero« (aufrichtig, ehrlich) nicht unbedingt mit »wahr« gleichzusetzen ist. Ich habe wieder und wieder über diesen Einwand nachgedacht und in meinem Kopf zahlreiche Hypothesen gewälzt. Vielleicht hatte Ernetti, ohne sich darüber im Klaren zu sein, Szenen aus Aufnahmen für einen Film über das Leben Christi empfangen. Diese Bilder hätten sich dann nicht nur auf Christus bezogen, sondern auch andere Personen wie die Jungfrau Maria, den heiligen Johannes oder einen Centurio (römischen Offizier) gezeigt. Man hätte die Pausen zwischen zwei Szenen sehen müssen, die Schauspieler beim Kostümwechsel beobachten können und die schlecht aufgenommen Szenen wären wiederholt worden. Und der Film wäre nicht auf Aramäisch gedreht worden! Eine solche Rekonstruktion mit den bekannten Geräuschen wäre erst vor kurzem möglich gewesen. Auch vermag diese Hypothese nicht den geplanten Überfall auf eine Bank zu erklären, den Ernettis Team empfangen hatte. Mein Benediktinerfreund hatte mir also wirklich alles, was er mir erzählt und veröffentlicht hatte, vollkommen ehrlich gesagt. Es musste wahr sein. Oder er war komplett verrückt, und es war ihm möglich, aufrichtig zu delirieren. Nein, all dies stimmte weder mit meinem Wissen über Ernetti noch mit meiner tiefen Überzeugung überein.

Kapitel VIII – Die These der Mythomanie

Ein Treffen mit Monsignore Barecchia

Die Meinung von Natuzza Evolo hatte mich in meiner Überzeugung bestärkt. Doch all dies erlaubte mir noch nicht, andere davon zu überzeugen. Ich musste mehr in Erfahrung bringen. Ich erinnerte mich, dass mir in Italien jemand den Namen eines Freundes von Pater Ernetti gegeben hatte, wobei er mir versicherte, dass dieser mir vermutlich noch einige Tatsachen anvertrauen könnte. Aber was?

Wie Sie sicher bereits geahnt haben, kehrte ich regelmäßig nach Venedig zurück. Ich hatte dort schon meine Lieblingscafés, fast eine kleine Marotte von mir. An Ort und Stelle angekommen, machte ich mich daran, im örtlichen Telefonbuch die Telefonnummer und Adresse des Genannten zu suchen. Das war, ich muss es zugeben, etwas unbedacht von mir. Doch ich hatte Glück. Er war da. Es kam nicht in Frage, ihn am Telefon unmittelbar auf den Chronovisor anzusprechen. Ich stellte mich als Pater Ernettis Freund vor (was ich auch war), der den Wunsch hatte, mit ihm über einen seiner alten Freunde zu sprechen. Er willigte problemlos ein, mich am nächsten Morgen um 7 oder 8 Uhr zu empfangen und gab mir die nächstgelegene Vaporetto-Station San Basilio und die Nummer 82 der Linie genau an. Am Nachmittag fuhr ich die Strecke einmal ab, um das Haus ausfindig zu machen und die benötigte Zeit von meinem Hotel zu jener Station zu stoppen, damit ich meine Verabredung pünktlich zur festgesetzten Stunde würde einhalten können.

Unglücklicherweise regnete es am nächsten Morgen reichlich. Ich weiß nicht, ob Sie Venedig bei Regen kennen, aber wenn sich das Wasser von unten mit dem von oben vereint, hat das etwas Deprimierendes. Wir hatten erst den 2. April (2000), und es war kalt, eine schrecklich feuchte, durchdringende Kälte. An dem kleinen Platz vor dem Haus angekommen, versuchte ich zu klingeln. Einmal, zweimal, dreimal, dann zögerte ich zwischen Diskretion und Beharrlichkeit. Nichts bewegte sich. In der ersten Etage schien ein schwaches Licht. Ich versuchte zu rufen – vergeblich. Es war noch sehr früh. Der Platz lag verlassen im Regen, und ich sah niemanden. Dann versuchte ich, am Nachbarhaus zu läuten. Man sagte mir über die Sprechanlage, dass die Nachbarn oft nicht da wären.

Die Antwort kam kurz und über eine Sprechanlage kann man sich nur schwer durchsetzen. Gegenüber dem Haus entdeckte ich ein Café, das gerade geöffnet hatte. Auf gut Glück trat ich ein. Am Tresen standen schon zwei Kunden und der Barmann. Ich fragte sie, ob sie wüssten, wo Monsignore Barecchia wohnt. Nein! Sie berieten sich eilig, aber keiner kannte ihn. Etwas verzweifelt wiederholte ich meine Frage, doch dieses Mal nannte ich den Vornamen: »Weiß denn keiner von Ihnen, wo Don Gastone Barecchia wohnt?» »Ah! Don Gastone! Aber ja, ganz sicher! Aber er wohnt nicht gegenüber, sein Haus liegt seitlich. Die Hausnummern sind schlecht ausgeschildert«. Welche Erleichterung!! Ich hatte mich nicht zu sehr verspätet, überquerte den Platz, immer noch im Regen, und klingelte an dem genannten Haus. Wieder eine Sprechanlage: »Ja, ich öffne Ihnen. Kommen Sie herauf.«

Ich hörte ein Klicken und stieß die Tür auf. Statt hinaufzusteigen, musste ich erst ein paar Stufen nach unten gehen. Ich befand mich in einer Art unbewohntem und unbewohnbarem Schuppen, von wo in der Tat eine Holztreppe nach oben abging. Ich glaube, die Leute in Venedig sind wegen des (häufigen) Eindringens des Hochwassers ziemlich verdrossen und haben es aufgegeben, ihre Parterrewohnungen zu benutzen. Das Leben beginnt erst in der ersten Etage. Ich steige also die Stufen hinauf und treffe auf einen recht betagten Mann in Pyjama und Schlafrock, der mich für einen Arzt hält. Er habe einen Anfall gehabt und wegen des Notfalls einen Arzt angerufen. Ich erkläre ihm, wer ich bin, und er bietet mir sehr liebenswürdig an, meine Fragen zu beantworten, zumindest, bis der Arzt kommt. Ich stelle ihm ein paar Fragen über Pater Ernettis Krankheit, über ihre gemeinsame Arbeit, ihre Leidenschaft für das Kirchenlied … und komme ganz behutsam zu der Frage, ob Pater Ernetti ihm gegenüber gelegentlich seine Erforschung der Wellen der Vergangenheit erwähnt habe. Ich bemerke kein Erschrecken, kein besonderes Erstaunen. Mein Gesprächspartner erweckt nicht den Anschein, die Ungeheuerlichkeit des angesprochenen Problems richtig einzuschätzen. Er sagt mir nur, dass es eine Schwester gebe, die darüber wahrscheinlich mehr wisse als er selbst, da sie mit Pater Ernetti jahrelang eng an den Gesängen zusammenarbeitete. Da der Arzt sicher bald eintreffen werde, ruft er die Schwester an, damit sie mich abholt und meine Fragen beantwortet.

So geschah es. Die Schwester brachte mich über einen anderen Kanal hinweg direkt zu einer Kirche, die wie üblich voller Wunderwerke war. Eine Touristengruppe (dieses Mal keine Japaner) stand davor und wartete schon auf die Öffnung. Sie hatte den Schlüssel. Wir traten ein und schlossen die Tür wieder, direkt vor ihren Nasen. In einem kleinen Nebenraum konnten wir uns ungestört unterhalten. Auch sie wusste nichts von einem solchen Apparat, doch sie nannte mir einige wertvolle Hinweise. Es gab eine Schwester Adriana Perissinotto in der Nähe von Neapel, in Castellamare di Stabia, die darüber mehr wissen müsse. Und außerdem Pater Ernettis leibliche Schwester Germana, ebenfalls Ordensangehörige, die sich in Rom in der Casa della Provvidenza befinden müsse. Ich notierte alles ganz genau. Vielleicht hatte ich gerade einen kleinen Schritt nach vorn in meinen Recherchen verwirklicht. Es war erforderlich, in einer Art Schnitzeljagd zur Quelle zurückzukehren, ohne zu wissen, wohin ich gelangen würde. Am Ende so wird sich zeigen, war es nicht das, was ich zu finden gehofft hatte, sondern etwas ganz anderes,

Die Begegnung mit Pater Ernettis Schwester

Sobald ich konnte, war ich wieder unterwegs. Am Morgen des 10. Juli 2000, nach meinem Eintreffen in Neapel, nahm ich ein Taxi nach Castellamare di Stabia. Es liegt ziemlich weit vom Stadtzentrum entfernt. Der Großraum erstreckt sich unendlich weit entlang der berühmten Bucht. Man fährt am Herculanum und an Pompeji vorbei. Angekommen in dem kleinen Badeort, muss ich nach dem Weg fragen und mit Taxifahrern diskutieren. Ich kannte die genaue Adresse nicht, meine Hinweise waren sehr vage. In Castellamare gab es natürlich mehrere Schwestergemeinden und meine braven Taxifahrer verwirrten sich in all den religiösen Namen. Auch die Beschreibung der Trachten führte nicht weiter. In einem Badeort sind es im Allgemeinen nicht die Kostüme der Damen, welche die größte Aufmerksamkeit erregen. Schlussendlich gelangte ich zu einem kleinen Haus etwas oberhalb der Stadt. Ich hatte Glück. Es war genau dort. Ich befand mich in einem Altenheim für Schwestern. Doch leider war meine Freude von kurzer Dauer. Schwester Adriana war zwischenzeitlich Oberin der Kongregation geworden und befand sich zurzeit in Brüssel. Aber der kleinen Schwester, die mich sehr freundlich empfing, tat ich leid, und neben dem Orangensaft, den sie mir anbot, erhielt ich im Verlauf unserer Unterhaltung doch einige wertvolle Informationen. Ihr Haus in Rom war geschlossen worden. Pater Ernettis Schwester war nicht mehr in Rom, sondern in Florenz. Dieses Mal bekam ich die genaue Anschrift. Die Schnitzeljagd ging weiter. Meine Enttäuschung war nicht sehr groß, weil die Hoffnung wieder auflebte.

Im Zug nach Florenz sagte ich mir, dass ich dieses Mal bestimmt an die richtige Tür klopfen würde. Über das, was Pater Ernetti nicht gewagt hatte, seinen Mitbrüdern anzuvertrauen, hatte er mit Sicherheit in dem einen oder anderen Moment mit seiner Schwester gesprochen. Die Erinnerung an alles, was sie vom Leidensweg Christi gesehen hatten, schien ihn sehr aufgewühlt zu haben. Er hätte diese Emotionen doch gewiss unter dem Siegel der Verschwiegenheit seiner Schwester mitgeteilt.

In Florenz, weit entfernt vom Zentrum, entdeckte ich erneut ein Heim für betagte Schwestern. Es war höchste Zeit, meine Recherche fortzuführen. Alle diese betagten Zeugen schickten sich an, Pater Ernetti bald im Jenseits wieder zu treffen. Bald würde es zu spät sein. Schwester Germana empfing mich sehr liebenswürdig (mit einem Orangensaft). Sie war eine recht kleine, gutmütige Ordensschwester. Wir plauderten ziemlich lange. Sie wusste nichts Konkretes über den Chronovisor, und ich denke, sie war ehrlich. Wie sie mir erklärte, war ihr Bruder sehr beschäftigt. Auch sie selbst war immer sehr in Anspruch genommen. »Wenn wir uns trafen«, erläuterte sie mir, »war es mehr, um Neuigkeiten über die Familie auszutauschen und Kindheitserinnerungen heraufzubeschwören.« Dennoch hatte sie ihren Bruder von den Jenseitsstimmen sprechen gehört, die er mit dem Magnetofon aufgenommen hatte. Dazu befragte sie mich nun ihrerseits mit einem etwas ängstlichen Gesichtsausdruck: »Aber wird denn das alles von der Kirche erlaubt? Ist das nicht gefährlich?« Ich beruhigte sie, so gut ich konnte, indem ich ihr die Geschichte von Pater Gemelli und ihrem Bruder erzählte; von der Reaktion des Papstes Pius XII. und den neuesten Deklarationen des Paters Gino Concetti, die er der wichtigsten italienischen Presseagentur »ANSA« mitgeteilt hatte.

Dann stellte sie mir noch ein paar Fragen: »Haben Sie noch Berufungen in Frankreich? Auch religiöser Art? Mehr als in Italien?« Überall verspürte ich die gleiche Traurigkeit. Diese braven Schwestern, die ihr ganzes Leben Gott und der Kirche hingegeben hatten, waren sich durchaus darüber im Klaren, dass der Nachwuchs ausbleiben würde. All dies läge im Sterben. Sie rief ein Taxi, bestand darauf, mich nach draußen zu begleiten, um es auszuspähen. Ich kehrte in mein Hotel zurück. Die Ausbeute war dünn, doch nicht völlig bedeutungslos. Wenigstens hatte sie ihren Bruder über die Jenseitsstimmen sprechen gehört, die mit dem Magnetofon registriert worden waren. Außerdem reiste ich mit zusätzlichen Hinweisen für meine Schnitzeljagd weiter. Sie hatte mir geraten, den früheren Erzbischof von Treviso, Monsignore Mistrorigo aufzusuchen, der lange Zeit mit ihrem Bruder, vorwiegend bei der Verteidigung des Gregorianischen Gesangs, zusammengearbeitet hatte.

Wie ich ein unentbehrliches biblisches Wörterbuch erwerbe

Dieses Mal, dachte ich, müsste ich immerhin etwas in Erfahrung bringen. Es handelte sich um einen Mitbruder, dem Pater Ernetti voll vertraute, wie mir Pater Ernettis Schwester versichert hatte. Er hätte sicher bezüglich Ernettis

Schwierigkeiten auf dem Laufenden sein müssen, als dieser nicht mehr ohne Begleitung von Gorillas aus dem Haus gehen konnte. Er hätte von seinen Reisen wissen und ein Echo seiner Kontakte mit verschiedenen internationalen Wissenschaftlern wahrgenommen haben müssen. Er hatte bestimmt Berichte über die Konferenz in Rom im Frühjahr 1979 gehört und musste irgendeine Reaktion auf die Angriffe erfahren haben, und deren Opfer sein Benediktinerfreund geworden war. Auch wenn er die speziellen Zeitschriften nicht selbst gelesen hatte, wären sie ihm von einem besser informierten Vertrauten bestimmt zugetragen worden. Ich wollte endlich eine unwiderrufliche Zeugenaussage erhalten!

Ich befand mich sehr schnell in einem italienischen Zug auf dem Weg nach Treviso. Kaum angekommen griff ich zum Telefon. Das Risiko, ihn nicht zu erreichen, war dieses Mal gering. Auch er war in einem Altenheim untergebracht. Er konnte mir nicht entkommen. Das Treffen fand noch am Nachmittag des gleichen Tages statt. Am Ende der unvermeidlichen Taxifahrt fand ich ein großräumiges angenehmes Haus vor, mit Gärten und Wasserbecken, die in diesem Monat Juli für ein wenig angenehme Kühle sorgten. Das Gebäude, in dem sich Monsignore Mistrorigo aufhielt, befand sich im hinteren Bereich. In den Gängen bemerkte ich, dass alle Zimmertüren offen standen. Machte man dies aus Sicherheitsgründen, um schneller festzustellen, wenn es jemandem schlecht ging, um jeden besser überwachen zu können oder einfach um einen angenehmen Luftzug in der Sommerhitze zu erzeugen? Monsignore Mistrorigo führte mich in eine Art Salon, der mehr einem Sprechzimmer glich. Die Tür blieb natürlich offen, was mir im Hinblick auf das Thema, das ich endgültig erörtern wollte, nicht sehr gefiel. Kaum hatten wir unsere Erinnerungen an Pater Ernetti ausgetauscht, lief ein Priester über den Gang und warf uns einen Blick zu. Der Bischof bot ihm an, einzutreten und die Unterhaltung wurde einige Zeit zu dritt fortgeführt. Dieser brave Priester im Ruhestand musste sich wohl ein wenig gelangweilt haben und der Besuch eines Fremden im Haus war eine willkommene Abwechslung. Als ich merkte, dass er sich einnistete, sagte ich zu Monsignore Mistrorigo (Abb. unten), dass ich ihn gern allein sprechen wolle. Er bat den Priester, zu gehen und die Tür hinter sich zu schließen. Endlich allein!

Auch hier spürte ich, dass mir auch dieses Mal nicht mehr viel Zeit bleiben würde, und so beschloss ich, mit dem Versteckspiel aufzuhören. Ich fragte direkt nach dem Chronovisor. Er zeigte sich anfangs sehr überrascht. Pater Ernetti hatte mit ihm niemals darüber gesprochen, auch niemand anders. Ich fühlte gleichzeitig, dass er die Wichtigkeit der Angelegenheit nicht erkannte. Glücklicherweise war die italienische Übersetzung meines Buches »À l'écoute de l'au-delà«, gerade erschienen und im Anhang die Übersetzung eines Artikels, den ich in Frankreich als informatorischen Nachtrag hatte erscheinen lassen. Ich trug ein Exemplar der italienischen Version bei mir, öffnete es an einer bestimmten Stelle und hielt es ihm unter die Nase. Trotz Brille, aber sicher wegen des hohen Alters, ging das Lesen nicht sehr schnell voran. Nach kurzer Zeit nahm ich das Buch zurück und las ihm die wichtigen Stellen vor.

Jetzt änderte er sein Verhalten. Endlich begriff er, dass es um etwas sehr Wichtiges ging. »Wenn er es Ihnen erzählt hat, dann ist es wahr«, sagte er ohne zu zögern, »Pater Ernetti log niemals.« Ich kannte ihn während langer Jahre. Er erzählte niemals Geschichten. Wir haben viel zusammen gearbeitet, hielten Konferenzen ab zur Erklärung, Unterrichtung und Verbreitung des Gregorianischen Gesangs - unsere gemeinsame Leidenschaft - und verteidigten dieses Erbe. Wir handelten auch gemeinsam in direkter Verbindung mit Paul VI., um gegen das Eindringen der Freimaurerei in der Kirche zu kämpfen. Als Paul VI. den Umfang dieser Geißel entdeckt hatte, belastete ihn das sehr. Dieses Thema war auch eine große Sorge Pater Ernettis.

Augenscheinlich ist das, was er Ihnen da anvertraut hat, sehr schwerwiegend. Hören Sie, sie müssen darüber mit Kardinal Ratzinger sprechen. Am besten wäre es über seinen Sekretär Msgr. Clemens. Ich habe ihn gut gekannt. Sie können sich auf mich berufen.« »Oh weh«, antwortete ich, »Sie entnehmen doch dem, was ich Ihnen vorgelesen habe, recht deutlich, dass der Vatikan es bevorzugt, absolutes Stillschweigen in dieser Angelegenheit aufzuerlegen. Mir geht es vor allem um eine Antwort auf die Anschuldigungen, denen Pater Ernetti ausgesetzt war.«

»Dann sollten Sie vielleicht meinen Neffen treffen. In seiner Jugend kannte er Pater Ernetti gut, der wie sein spiritueller Vater war. Später haben die Umstände sie voneinander entfernt, aber - auch er Benediktiner - hat gebeten, nach San Giorgio versetzt zu werden, teils genau deswegen, weil er ihn wiederfinden wollte. Er lernte ihn also in den letzten zwei Jahren seines Lebens von neuem gut kennen. Ich werde ihn anrufen und ihm Ihren Besuch ankündigen.«

Unsere Unterhaltung endete ohne Orangensaft, aber zu meinem Trost reiste ich ab mit einem Exemplar eines biblischen Wörterbuchs – eines Werkes von Msgr. Mistrorigo.

Ein Freund wird zum Opfer

So langsam ging mir die Luft aus. Pater Ernetti hatte in der großen Aula der Päpstlichen Universität in Rom einen Vortrag gehalten, einen anderen an den Ufern des Gardasees; Zeitschriften wie »La Domenica del Corriere«, »Oggi«, »Arcana«, »Il Gionale dei Misteri«, »La Civilta delle macchine« hatten über ihn berichtet. Artikel über diese fantastische Entdeckung waren in Frankreich, Spanien und Deutschland erschienen. All dies ist nicht anfechtbar. Es sind keine Behauptungen Pater Ernettis. Es sind bekannte und bezeugte Tatsachen.

Und da ist nun einer der engsten Mitarbeiter, der aus allen Wolken zu fallen scheint, wenn ich ihn darauf anspreche. Auf der einen Seite wirkte dieser alte Bischof sehr ehrlich, auf der anderen Seite dünkte mich das Ganze unglaubwürdig. Was also würde ich von dem Neffen zu erwarten haben?

Noch am gleichen Abend kam ich wieder in Venedig an. Der Tag war schon weit fortgeschritten, und ich war nicht sehr sicher, ob ich noch leicht ein Zimmer finden würde. Glücklicherweise ist die Vermittlung am Bahnhof gut organisiert und nannte mir schnell ein geeignetes Zimmer in einem Viertel, direkt gegenüber der Anlegestelle von San Giorgio. Es war viel zu spät, um noch mit dem Kloster zu telefonieren, aber am nächsten Morgen rief ich Pater Antonio Mistrorigo an. Ja, er war bereits von seinem Onkel über meinen bevorstehenden Besuch informiert worden. Er war damit einverstanden, mich am Nachmittag zwischen zwei Terminen zu empfangen, aber er war sehr beschäftigt und konnte mir nur einige Minuten gewähren. Das kündigte sich schlecht an!

Zur vereinbarten Stunde befand ich mich auf der kleinen Anlegestelle vor dem Kloster, auf der ich Pater Ernetti zum ersten Mal getroffen hatte, und läutete an der Klosterpforte. Der Neffe empfing mich und führte mich in Pater Ernettis ehemaliges Büro. Alles hatte sich verändert. Der Raum war total umgestaltet worden. Aber das war nicht das Wesentliche. Pater Antonio wusste schon von seinem bischöflichen Onkel, was mich interessierte. Ich brauchte also meine übliche kleine Komödie nicht zu spielen und Erinnerungen an den Vater des Chronovisors auszutauschen. Pater Antonio erzählte mir zunächst von der umfassenden Bewunderung für Pater Ernetti, die er in seiner Jugend für ihn hatte. Er bestätigte, dass eines der Motive, die ihn veranlasst hatten, seine Versetzung nach San Giorgio zu beantragen, der Wunsch war, ihn wieder zu treffen. Doch er hatte entdeckt, dass Pater Ernetti sich sehr verändert hatte. Er war von diesen Wiederbegegnungen ein wenig enttäuscht. Pater Ernetti war sonderbar, mysteriös und aalglatt geworden.

Nach Antonios (Abb. links) Meinung hatte der Chronovisor niemals existiert. Wohl hatte sein alter Freund des öfteren auf ihn angespielt und in geheimnisvollem Ton gesagt, dass er ihm eines Tages etwas Außergewöhnliches zeigen würde. Doch jedes Mal, wenn Pater Antonio ihn bedrängt hatte, ihm mehr zu sagen, hatte er sich entzogen. Nach Pater Ernettis Tod war Pater Antonio beauftragt worden, sich um seine privaten Angelegenheiten zu kümmern, hatte aber in den Unterlagen nichts über den Chronovisor gefunden. Gewiss: Er hatte einige Briefe ausgegraben, die Beziehungen mit ausländischen Gelehrten bewiesen, vorwiegend aus der Schweiz, aber sie hatten Forschungen über einen möglichen Wassermotor behandelt. Beim Chronovisor – so meinte er – ging es wohl eher um eine Art Projekt, um theoretische Studien der Möglichkeit, ein solches Gerät zu entwickeln. Nichts Konkretes.

Ich begann, Einwendungen zu machen: Warum war es dann nötig gewesen, Pater Ernetti zu zwingen, das Haus nicht ohne Leibwächter zu verlassen? Ich versuche, den anschließenden Dialog wahrheitsgetreu wiederzugeben:

»Ja, bei Pater Ernetti war alles übertrieben. Er erfand immer irgendwelche Geschichten, die er am Ende selbst glaubte. Die geringsten Sachen nahmen ein überzogenes Ausmaß an.«

»Sie setzen mich ein wenig in Erstaunen, denn in seinen letzten Jahren bestand ein wichtiger Teil seiner Aktivitäten in seinem Amt als Exorzist. Ich habe es mit eigenen Augen gesehen und niemand bestreitet es. Er arbeitete übrigens mit Psychiatern zusammen. Und Sie stellen ihn fast schon als notorischen Lügner hin.«

»Dass es eine Verbindung zu den Psychiatern gab, hat er Ihnen erzählt? Auch ich praktiziere manchmal den Exorzismus, doch viel weniger häufig als er. Er machte zu viel von dem, was die Leute verlangten. Die meisten dieser Menschen waren einfach krank. Indem er sie exorzierte, trieb er sie noch tiefer in die Krankheit. Ich dagegen versuche vielmehr, ihnen beizubringen, ihr Leben wieder in die Hand zu nehmen, den Ursprung ihrer Ängste und Schwierigkeiten zu ergründen und zu überwinden.« Ich erinnere mich an meine Gespräche mit Pater Ernetti über dieses Thema. Er kannte dies alles vollkommen. Er wusste (aber) auch, dass es nutzlos ist, zu versuchen, diese

Kranken ab einem gewissen Alter und einem gewissen Grad ihrer inneren Überzeugung zur Vernunft zu bringen. Die einzige, immer nur vorläufige Erleichterung, die man ihnen zukommen lassen konnte, war es, auf ihr Spiel einzugehen und den Anschein zu erwecken, man glaube an ihre tatsächliche Besessenheit. »Nein, ich glaube, Pater Ernetti musste ein bisschen Medium sein«, fuhr Pater Antomio fort. »Er musste gewisse Dinge sehen oder vorausahnen und anschließend übernahm seine Vorstellungskraft den Rest. Ich verstehe diesen Prozess recht gut. Auch mir sind außergewöhnliche Dinge passiert. Hören Sie…«

Pater Antonio begann, eine Geschichte zu erzählen, von einem Abenteuer im tropischen Dschungel, irgendwo in Lateinamerika, das er selbst erlebt hatte. Der Führer hatte sich komplett verirrt, und nachdem man stundenlang im Kreis gelaufen war, gestand er mit Tränen in den Augen, dass er weder wusste, wohin er gehen noch was er tun sollte.

Wenn meine Erinnerungen richtig sind, hatte Pater Antonio eine Art telepathische Verbindung mit seinem Bruder in Italien, und dieser Bruder, der niemals an diesem südamerikanischen Ort gewesen war, hatte sie aus der Ferne geführt und gerettet. Nach Pater Antonios Rückkehr nach Italien hatte dieser Bruder ihm bestätigt, was geschehen war und berichtet, wie er seinerseits das seltsame Abenteuer erlebt hatte. Wie Sie sehen, sind die Benediktiner von San Giorgio sehr begabt. Man langweilt sich niemals in ihrer Gesellschaft.

Ich spürte mehr und mehr, dass ich meinem Gesprächspartner mit meiner Hartnäckigkeit Ungemach bereitete. Also gab ich vor, mich besonders für seine paranormalen Erfahrungen zu interessieren, was mir das Anrecht verlieh, weitere spannende Erzählungen anzuhören. Danach versuchte ich, das Thema Chronovisor ein letztes Mal wieder aufzugreifen.

»Aber Pater Ernetti hat den Text der Thyeste doch selbst veröffentlicht.«

»Wo das?«

»In ›La Domenica del Corriere‹, in ›Oggi‹… «

»Das sind keine wissenschaftlichen Zeitschriften!«, rief Pater Antonio mit einer großen erbitterten Geste.

Natürlich! Da hatte er recht. Dennoch: das war ein wenig zu einfach. Er wusste genau so gut wie ich, dass keine wissenschaftliche Zeitschrift bei einem solchen Text ohne Manuskript, Papyrus oder Pergament, ohne Datierung durch die besten Spezialisten, ohne die verwendete Tinte und Schriftform, das Risiko einer Veröffentlichung eingehen würde. Ich erwähnte Professor Marascas Interesse an diesem Text. Ich spürte: Je länger wir sprachen, umso nervöser wurde Pater Antonio. Allmählich wurde mir klar, dass er mir seine wirkliche persönliche Meinung nicht geben konnte. Er hatte eine Anweisung seiner Vorgesetzten: Es galt mich davon zu überzeugen, dass der Chronovisor niemals existiert hatte. Je mehr Argumente ich beibrachte, um Pater Ernettis Aussagen zu bestätigen, umso mehr brachte ich Pater Antonio in eine unerträgliche Situation und zwang ihn, seinen alten Freund als Halbverrückten hinzustellen.

Ich tat so, als sei ich überzeugt, verabschiedete mich von Pater Antonio und entschuldigte mich, so viel seiner Zeit in Anspruch genommen zu haben. Die Unterhaltung hatte eineinhalb Stunden gedauert, ohnehin viel länger als vorgesehen war. Doch dieses Mal kam ich nicht unverrichteter Dinge zurück. Pater Antonio hatte weder die internationalen Beziehungen geleugnet, die Pater Ernetti mit Forschern aus aller Welt unterhielt, noch seine Reisen, noch die Zeit, in der man ihn beschützen musste. Er hatte lediglich von »Übertreibungen« gesprochen. Er hatte zugegeben, Pater Ernetti von einem mysteriösen Apparat sprechen gehört zu haben. Er hatte seinen Auftrag nur dadurch erfüllen können, dass er bestätigte, dass sein alter Freund eine Menge Geschichten erfand, und am Ende selbst an sie glaubte, anders gesagt, er stellte ihn als Mythomanen hin. Doch die Aussage seines Onkels wurde plötzlich sehr wertvoll: »Pater Ernetti log niemals … er erzählte keine Geschichten … Wenn er Ihnen das erzählte, ist es wahr«. Die Worte des Engels der Natuzza Evolo kamen mir wieder in den Sinn: »E tutto sincero«. Nein, es war klar, dass Pater Antonio, der von meinem bevorstehenden Besuch von seinem Onkel wusste, seine Verteidigung aufgebaut hatte. Wahrscheinlich hatte er an hoher Stelle gefragt, wie er sich verhalten sollte. Im Übrigen musste die allgemeine Taktik schon von langer Hand vorbereitet worden sein, denn ich war nicht der erste, der versuchte, das Geheimnis zu durchdringen. Ich weiß aus verschiedenen Zeitschriften in verschiedenen Sprachen, dass sich, so wie ich, von Zeit zu Zeit Journalisten oder Forscher unwissend stellten (um mehr zu erfahren). Ich aber wusste nun sehr sicher, dass es sehr wohl etwas gegeben hatte, etwas sehr Wichtiges, das man mit allen Mitteln vor der Welt zu verbergen versuchte.

Ein köstlicher Duft von Terror

Plötzlich, bevor ich nach Italien reiste, erinnerte ich mich der Warnung, die mein Freund Professor Chauvin mir gegenüber ausgesprochen hatte: »Seien Sie auf der Hut! Sie haben Jean Paul I. umgebracht. Wenn Sie sie in Verlegenheit bringen, werden die nicht zögern. Sie sind zu allem fähig. Ich möchte nicht, dass man Sie aus dem Fenster gestürzt findet oder erhängt unter einer

Brücke in London, wie in der Affaire der Banco Ambrosiamo und der P2 Loge.« (54)

Richtig! Kardinal Hans Urs von Baltasar selbst hat die Ermordung von Jean Paul I. bestätigt. In einer Anthologie zieht man nur das in Betracht, was man für eine Veröffentlichung geeignet und als gewiss und wichtig betrachtet. Wenn aber dieser Kardinal eine Zusammenstellung aus dem Tagebuch von Erika Holzach, einer der großen Mystikerinnen des letzten Jahrhunderts, veröffentlicht hat, hat er es wohl für angebracht gehalten, die Fernwahrnehmungen, die sie von dieser Ermordung gehabt hatte, zu gegebener Zeit bekannt zu machen. Wenn man das riesige Werk dieses Theologen, seine Strenge und seine Erfahrungen mit der Mystik kennt, besteht leider kein Zweifel hinsichtlich dieses Mordes. (55)

Das ist die dunkle Seite der Kirche. Es gibt Tausende von großherzigen Priestern, Missionaren und Schwestern, die ein Werk der Liebe vollbringen, das in dieser Welt beispiellos ist. Tausende von Mönchen und Klosterfrauen leben in Anbetung und Gottesliebe, Millionen von Gläubigen versuchen, freudig nach dem Evangelium zu handeln. Doch gibt es auch bis ins Innerste der Kirche hinein Intrigen, Machtkämpfe kleiner Gruppen, das Eindringen des »Satans«. Ich stehe nicht allein mit dieser Behauptung, Paul VI. selbst sprach vom »Teufelsrauch« , der bis in das Herz der Kirche eingesickert ist. Aber nach allem ist das normal. Jeder von uns hat seine dunkle und seine helle Seite, jeder von uns kennt denselben Kampf in der Tiefe seines eigenen Herzens. Es ist normal, dass die Mächte des Bösen sich sogar in das Herz des Guten einzuschleichen versuchen. Wahre Erscheinungen werden durch falsche vernebelt, wahre Wunder werden durch raffinierte Machinationen von Scharlatanen ebenso abgewertet, wie die echten Mystiker durch geschickte Simulanten.

Dort, wo die Gnade Gottes am Werk ist, eilt der Satan herbei. Ebenso manifestiert sich im tiefsten Inneren des Schlechten von Zeit zu Zeit eine erstaunliche Gottestat. Manche in der Kirche möchten alles tun, um diese Intrigen im Dunkeln zu lassen. Was mich betrifft, wage ich zu sagen, dass ich nicht an eine Erneuerung der Kirche glaube, solange dieses Geschwür nicht entfernt worden ist. Das impliziert auch eine vollständige Umstrukturierung der Kirche, sodass sich derartige Missbräuche nicht wiederholen können. So sah es anscheinend auch Jean Paul I. und genau deswegen wurde er beseitigt.

Kapitel IX

Das Feuer wird erwidert

Ein erneuter Rückschritt! Soeben bekam ich die amerikanische Übersetzung des Buches »Dein Schicksal ist vorherbestimmt« von Peter Krassa in die Hände. John Chambers, der Direktor der »New Paradigm Books« und ich hatten mehrfach Kontakt mit einander. Er hatte mich gebeten, ihm für diese Neuauflage alle Unterlagen, die ich besaß, zu senden, und nun hatte er mir freundlicherweise ein Exemplar der amerikanischen Ausgabe geschickt, die im Vergleich zur deutschen Ausgabe ziemlich umgestaltet worden war. Und da entdeckte ich am Ende des Buches ein neues Dokument von großer Wichtigkeit. Es handelt sich um Enthüllungen einer Art »spirituellen Sohnes« von Pater Ernetti, der - wenn auch indirekt - bestätigte, was ich (bereits) mehr und mehr spürte. Ein wahrhaft gefundenes Fressen für mich, Sie werden das nach und nach verstehen.

Der amerikanische Herausgeber versuchte mit allen Mitteln, etwas mehr zu erfahren und »jemand« in Italien bekam Wind von seiner Suche. Er bot dem Verlag spontan ein Dokument an, von dem er annahm, dass es den Verlag Interessieren könnte. Er war aber nur bereit, das Dokument dem Herausgeber unter der Garantie absoluter Anonymität zu überlassen. Dieser akzeptierte, und nachdem er es zur Kenntnis genommen hatte, führte er eine eigene kleine Nachforschung durch, um sich von der Echtheit zu überzeugen. Er teilte mir mit, dass er den eingeschlagenen Weg nicht genauer angeben könne, aber gute Gründe habe, zu glauben, dass das Dokument echt sei. Natürlich ist das Original italienisch, aber der amerikanische Verleger erklärte uns, dass er das Original bereits mit einer sehr sorgfältig angefertigten englischen Übersetzung erhalten habe und deren Worttreue garantiere. Er hatte allerdings nur die englische Übersetzung veröffentlicht. Ich werde mich also (im Folgenden) auf diese beziehen. Zunächst fasse ich den Text kurz zusammen und zitiere die wesentlichen Passagen wegen ihrer Wichtigkeit wörtlich. Danach werde ich mir einige Kommentare erlauben. (56)

Der Betrüger bricht endlich zusammen

Der Autor dieses Dokuments erzählt, dass sein Vater große Bewunderung für Pater Ernetti hegte und ihn oft in seinem Kloster besuchte. Seit seiner zartesten Kindheit nahm ihn sein Vater zu den Besuchen ins Kloster mit und der Junge nannte den Mönch »Onkel Pellegrino«. Erwachsen geworden, heiratete er, wurde Familienvater, und da er nicht mehr in Venedig wohnte, wurden die Besuche seltener. Aber sie blieben telefonisch in Kontakt und ihre Gefühle füreinander waren unverändert.

»Eines Nachts, ein paar Wochen vor Pater Ernettis Tod, ich wünsche nicht zu sagen wann, erhielt ich einen Telefonanruf von ihm. Seine Stimme war schwach und zitternd. Er sagte mir, er liege im Sterben«. Am nächsten Tag kam der Freund in Venedig an. Er fand Pater Ernetti im Bett seiner Klosterzelle. »Er sagte mir, dass er in der vorhergehenden Nacht geglaubt hatte, sterben zu müssen. Er hatte sich sehr krank gefühlt und das Bewusstsein verloren. Dann hatte er begonnen, einem weißen Licht zu folgen und jemand, den er nur schemenhaft erkannte, hatte ihm ein Zeichen gegeben. Er sagte mir, er habe eine Nahtod-Erfahrung gehabt. Als er am folgenden Morgen endlich das Bewusstsein wieder erlangte, erkannte er, dass er im Himmel gewesen war. Er war sehr schwach und verstand nicht, warum er noch am Leben war. Er hatte es vorgezogen, mit den Schwestern oder Ärzten nicht über sein Erlebnis zu sprechen und mich angerufen. Als er aufwachte, wurde ihm bewusst, dass man ihm während der Nahtod-Erfahrung Dinge gesagt hatte, die er seit Langem vergessen hatte. Man hatte ihm auch Ereignisse aus seinem vergangenen Leben gezeigt. Er sagte mir, dass er mich sehr liebe und bat mich, Notizen zu machen. »Ich werde nicht mehr lange leben, vielleicht sterbe ich schon heute Nacht. In den letzten Jahren habe ich euch viele Lügen erzählt; ich möchte das korrigieren; ich will dir die Wahrheit sagen.«

Auf Pater Ernettis Bitte hin ging der junge Freund zu dem großen Holzschreibtisch, der ihm im Laufe der Jahre so vertraut geworden war, und nahm Papier und Stift.

»Er hatte mir manchmal von einem antiken Theaterstück erzählt, das er mit dem Chronovisor aufgefangen hatte. Er erklärte mir dann, dass sei nicht wahr. Er sagte, er meine, das Stück selbst komponiert zu haben, indem er zahlreiche Fragmente benutzte, die in den Schriften anderer Autoren erhalten geblieben waren – doch er konnte sich nur sehr schwach daran erinnern. Während seiner Nahtod-Erfahrung hatte er verstanden, warum er von diesem Stück so begeistert gewesen war. Es stand in Zusammenhang mit einem früheren Leben in Rom zur Zeit des Ennius. Als Kind hatte er dieses Stück gesehen, das ihn stark beeindruckt hatte, insbesondere die Szene der Kannibalenmahlzeit. Während seines letzten Lebens hatte er immer vorgegeben, sein Hauptinteresse an diesem Stück sei das Wiederfinden der Musik. Das war eine falsche Erklärung, um seine Wahnvorstellung nicht eingestehen zu müssen.«

»Es gelang mir, den Chronovisor zu konstruieren. Und einmal hatte er beinahe funktioniert.« Pater Ernetti beantwortete die Fragen seines Freundes und bestätigte ihm, den Chronovisor tatsächlich ganz allein entwickelt zu haben. Fermi war zwar ein Freund, doch er glaubte nicht daran und zog ihn oft damit auf. Ja, jemand habe ihm geholfen, ein Student, der völlig anonym geblieben war und heute Priester sei. Aber er habe sicher Stillschweigen bewahrt. Pater Ernetti erzählte dem jungen Freund weiter, er habe schon in anderen Leben versucht, einen Chronovisor zu konstruieren. Es war, so schien es, während der Zeit des Nostradamus. Auch dieser hatte Versuche mit einem anderen Chronovisor unternommen. Pater Ernetti stürzte sich dann in mühselige Erklärungen, indem er sich auf die Alchemie berief, mit der es möglich wäre, die Körper zu verwandeln und ihnen dadurch zu ermöglichen, von einer in eine andere Zeit zu gleiten.

In diesem Moment sah der Freund, dass »Onkel Pellegrino« müde wurde und bot ihm an, aufzuhören. »Nein, ich wollte dir doch erzählen, wie der Chronovisor einmal beinahe funktioniert hatte. Es war ein dunkler und düsterer Tag. Ich glaube jetzt, dass das wichtig war. Ich setzte mich in das Innere des Gerätes und schaltete es ein. Die Welt drehte sich um mich herum ... Ich glaube heute, dass die Funktion des Chronovisors von einer sehr speziellen Glaubensstruktur abhängt ..., die eine gewisse Trennung der Zeit impliziert. Ein Abstandnehmen von den verordneten strukturierten Religionen. Aber das war sehr schwierig für mich als Priester. Ich betrachte das Versagen der Maschine als mein persönliches Scheitern. Lass mich dir erzählen, wie mein Chronovisor aussah. Es war eine Kugel, ähnlich einem Tauchgerät oder einem Ein-Mann-U-Boot, das rundherum Öffnungen in Augenhöhe hatte. Sie hing an einem Kabel, das ihr Bewegungsfreiheit erlaubte. Sie war aus einem sehr leichten Metall gefertigt, aus einer Aluminiumlegierung, und bewegte sich allein durch Gedankenkraft.«

Pater Ernetti fügte noch Folgendes in Bezug auf das Bildnis des Christus hinzu: »Du weißt es jetzt: Ich log. In der letzten Nacht fragte ich mich oft, warum? Die Antwort ist, dass ich hoffte, mein Chronovisor würde (eines Tages) funktionieren.«

Der junge Freund weinte. Pater Ernetti schien einzuschlafen, doch plötzlich öffnete er die Augen. »Er versuchte, sich aufzusetzen ... Er schaute mich an ... Es schien, als sähe er mich zum ersten Mal ... Er schrie: »Ah, du

bist es! Ich bin so glücklich, dass du gekommen bist!« Es war, als ob er sich an nichts erinnerte, was sich zuvor ereignet hatte; so als wäre er vollständig in seinen Normalzustand zurückgekehrt und hätte seine Nahtod-Erfahrung und alles vergessen, alles was er erfahren hatte. Ich legte meine Notizen zur Seite und sagte nichts mehr zu ihm.
Dies ist meine Geschichte.«

Aber wer ist nun der wahre Betrüger?

Ich werde nun den Text der Reihe nach durchgehen. Es wird auf diese Weise dem Leser leichtert, auf die entsprechenden Teile des »Dokuments« zurückzugreifen.

Der erste Punkt, der mich ein wenig verwundert, obwohl er ziemlich unbedeutend ist, betrifft die ungenaue Beschreibung der Orte der Handlung. Ich gebe gern zu, dass der »spirituelle Sohn« ausnahmsweise in Pater Ernettis Zelle, wo sein Bett stand, eingelassen wurde. Es fällt mir aber schwer zu glauben, dass dort Schwestern, selbst in der Funktion von Krankenschwestern, zugelassen gewesen sein könnten. Es sind immer Brüder oder ordensangehörige Krankenpfleger, die in Männerklöstern arbeiten. Wenn sich tatsächlich Schwestern an seinem Bett aufhielten, dann bestenfalls wegen seines Zustandes, der zu ernst war, um im Kloster behandelt zu werden. Dann hätte er sich doch in einem Hospital befunden. Er hätte dann seinen jungen Freund mitten in der Nacht vom Krankenhaus angerufen. Es stimmt, das ist nicht unmöglich. Als aber in diesem Fall der spirituelle Sohn Pater Ernetti im Bett liegend antraf, war dies ganz klar im Kloster. Er spricht von der »Zelle«. Er kannte Pater Ernettis großen Schreibtisch aus Holz, der sich doch im Zimmer befand. Das lässt vermuten, dass dem Jungen damals, als Pater Ernetti nicht krank war, oft erlaubt worden war, nach oben zu gehen. Denn der Schreibtisch war ihm ja im »Laufe der Jahre vertraut geworden«. Mein erneutes Erstaunen: Ich kenne kein Kloster, wo man so einfach Zugang zu den Mönchszellen hat. Wenn Pater Ernetti jemanden empfing, dann immer nur in seinem Büro im Erdgeschoß, und das hatte keine Ähnlichkeit mit einer Zelle. Dort stand tatsächlich ein großer Schreibtisch aus Holz.

Aber lassen wir dieses Detail ruhen. Wenn Pater Ernetti sich – wegen der Anwesenheit der Schwestern – während seiner Nahtod-Erfahrung im Krankenhaus aufhielt, so hätte man ihn wohl am nächsten Tag zurück in seine Zelle gebracht. Man sagt uns, dass Pater Ernetti in der Tat erst wenige Wochen später verstarb. Er selbst glaubte jedoch, sterben zu müssen; er war nicht einmal sicher, ob er die Nacht überleben würde. Und in diesem Zustand soll man ihn ins Kloster zurückgebracht haben?

Doch all dies ist zweitrangig. Die Geschichte von dem Theaterstück von Quintus Ennius ist deutlich schwieriger zu akzeptieren. Im »Dokument« selbst ist sie nicht sehr klar. Der Autor dieser Enthüllungen gab zu, dass Pater Ernetti von Zeit zu Zeit mit ihm darüber im Zusammenhang mit dem Chronovisor sprach. War es nicht irgendein Verstorbener, dem Pater Ernetti während dieser Nahtod-Erfahrung begegnete, der ihm versicherte, nicht er sei der wahre Autor dieses Einakters? Aber gerade im Verlauf dieser Nahtod-Erfahrung hatte Pater Ernetti diese Erkenntnis als eine Art vager Erinnerung, die in sein Bewusstsein aufstieg. »Er sagte, er dachte, dass er ihn komponiert hätte, ... «, aber er konnte sich daran nur »sehr vage, nur sehr dunkel« erinnern.

Mein erstes Erstaunen war, dass Pater Ernetti im normalen Wachzustand überhaupt keine Erinnerung mehr hatte. Er sagte seinem spirituellen Sohn im Hinblick auf diesen Einakter nicht, er hätte gelogen. Es war (vielmehr) ein Teil dessen, was er vollständig vergessen hatte, und die Erinnerung daran kam erst mit der Nahtod-Erfahrung zurück! Ich weiß sehr gut, dass Pater Ernetti mit Sicherheit ein besserer Latinist ist als ich. Ich habe Latein lange Jahre praktiziert und musste auch eine Reihe anderer Fächer und anderer Sprachen studieren, und es ist wahr, dass meine Kenntnisse nur entfernt vergleichbar mit denen Pater Ernettis sind. Aber dennoch! Der Text dieses Einakters ist wirklich nicht leicht. Man hätte ihn zusammenstellen und einige anderwärts bekannte Zitate einfügen müssen. Man stellt uns die Benutzung dieser Fragmente als etwas Müheloses hin, weil weniger neuer Text zu erfinden wäre. Aber dieses Einfügen als solches verlangt bereits ein Minimum an Aufmerksamkeit. Es wäre notwendig, die aufgegriffenen Zitate wie natürlich in den erfundenen Text einzufügen. Hätte sich Pater Ernetti diesem Spielchen aussetzen und keine Erinnerung daran zurückbehalten sollen? Und hätte er erst eine Nahtod-Erfahrung machen müssen, um diese entschwundene Erinnerung ans Licht zu bringen? Und er erinnert sich dann selbst nur »sehr dunkel«. Die Erklärung, er habe in einem anderen Leben während der Zeit des Ennius eine Traumatisierung erlitten, berücksichtigt nicht das Zeugnis der Anita Pensotti, die uns berichtet, dass Professor Marasca Pater Ernetti den Text angeboten hatte. Damit erübrigt sich die Zwanghaftigkeit, die Pater Ernetti angeblich in Bezug auf den Text hatte. »Das Dokument« sagt uns auch nicht, ob Pater Ernetti anderen Zwangsvorstellungen unterlegen war, welche die Rede von Mussolini oder Napoleon erklärt hätten. Hatte er vielleicht auch während der Zeit des Cicero gelebt? Und war er vielleicht sogar Catilina gewesen?

Wenn jedenfalls Pater Ernetti vorgab, die erste Rede von Ciceros über »Catilina« aufgefangen zu haben, dann bestimmt nicht, weil ihm jemand anders die Idee vorgegeben hätte, sondern einfach deswegen, weil die Rede für jeden jungen Latinisten eine der ersten ist, von der er hört, noch bevor er sie selbst studiert.

Nein, dieses »Dokument« erwähnt weder Ciceros Rede noch die von Napoleon und Mussolini. Es beschränkt sich auf das Stück von Ennius, weil der Text des Stückes in einem anderen echten Dokument veröffentlicht worden ist, und man dies erklären musste. Das »Dokument« überspringt den Rest, aber sicher nicht diesen Text. Ich möchte trotzdem grundsätzlich hinzufügen, dass man vielleicht nicht gezwungen ist, an den Mechanismus der »Reinkarnationen« zu glauben. Es ist zu einfach und viel bequemer, um so mehr, als sie auf immer unverifizierbar bleibt. Selbst wenn man Texte und Zeugnisse entdeckt, welche die Wahrheit von wieder gefundenen Erinnerungen bestätigen, so beweist das nicht, dass es sich um dieselbe Person handelt, die sie erlebt hat.

Das »Dokument« enthält des Weiteren eine außergewöhnliche Aussage, ein wahres (Schuld-)Geständnis, wie ich es niemals zuvor erhalten habe! In diesem Text, der offensichtlich angefertigt wurde, um etwaige Neugierige zu entmutigen, ihre Nachforschungen fortzuführen, macht man uns ein enormes Zugeständnis: »Ja, der Chronovisor hat tatsächlich existiert und hat ›fast funktioniert‹.«. Es handelt sich hier, so kommt es mir vor, um ein echtes Eigentor. Alle Versuche, die Existenz des Chronovisors zu leugnen, schafften es nicht, die Leute zu überzeugen; und so versucht man es nun mit einer anderen Taktik. Man übernimmt die Rolle des Feuers. Aber man geht zu weit, viel zu weit! Pater Ernetti hätte schon in früheren Leben andere Chronovisoren konstruiert. Es war bei ihm zu einer Art Zwang geworden, einer richtigen Marotte. Er konstruierte Chronovisoren einfach so, von Leben zu Leben. Die wissenschaftliche und technische Entwicklung der verschiedenen Epochen spielte – so scheint es – keine Rolle. Man muss einfach glauben, dass er sie aus Holzstücken und Schnüren konstruieren konnte. Ein wahres Genie dieser Mann. Nicht wahr!

Das Schönste ist die Beschreibung dieses mysteriösen Gerätes:
Es bestand aus einem runden Raum, in dem die Akasha-Archive angeordnet waren. In der Mitte befand sich eine Art Tauchboot, in das man sich hineinsetzen konnte und von wo aus man die Szenen beobachten konnte, die sich in dem runden Raum entwickelten. Diese Beschreibung hat überhaupt nichts gemein mit der, die mir Pater Ernetti gab. Professor Chauvin kann dies bestätigen. Die Beschreibung, die uns der Autor dieses »Dokuments« gibt, entspricht dem, was man sich vorstellen könnte, wenn man niemals

Pater Ernetti davon sprechen gehört hätte. Ich habe den Eindruck, dass dieser »spirituelle Sohn« zu viel Science-Fiction gelesen hat. Vielleicht liegt ein gewisser Einfluss von Comics vor, wie z. B. der »Teufelsfalle« in den Abenteuern von Blake und Mortimer.

Schließlich gibt es dann noch das Bildnis Christi. Pater Ernetti log, sagt man uns. Man präsentiert uns diese Geschichte, als sei sie ein Teil der Dinge, die er total vergessen hatte. Man sieht aber nicht ein, warum er sich nur in der »vergangenen Nacht» gefragt hätte, was ihn dazu getrieben hatte, zu lügen. Erst in dieser Nacht findet er nun eine Antwort auf diese Frage, zuvor war ihm dieses Motiv sicher unbewusst, denn sonst hätte er sich seit Langem darüber im Klaren sein müssen, dass er gelogen hatte. Die Antwort ist merkwürdig. Wenn ich richtig verstehe, hatte Pater Ernetti ein Bild als echt beglaubigt, von dem er wusste, dass es gefälscht war, (sonst wäre es keine Lüge gewesen), in der Hoffnung, sein Chronovisor würde ihm eines Tages ein echtes Bild liefern. Ich frage mich, wie er hoffen konnte, jemandem ein Bild als echt weiszumachen, nachdem er ein falsches präsentiert hatte, und anzunehmen, dass dieser Schwindel nicht aufgefallen wäre.

Doch wen log er an? Mir hatte er Jahre vor seinem Tod mitgeteilt, dass das in den Zeitschriften veröffentlichte Bild nicht vom Chronovisor stamme. Er hatte es auch während eines Interviews dem spanischen Journalisten von »Mas allà« gesagt, das im Mai 1993 veröffentlicht wurde. Und er hatte bestimmt keine Nahtod-Erfahrung gebraucht, um festzustellen, dass er früher gelogen hatte. All dies lässt sich nicht aufrechterhalten.

Das Schönste an dieser Montage ist das Finale. Pater Ernetti schläft ein, und als er wieder erwacht, hat er alles, was er gesagt hatte, vollständig vergessen. Anscheinend hatte er nicht nur vergessen, dass er über sehr vertrauliche Dinge gesprochen hatte, sondern auch den Inhalt dieser berühmten Nahtod-Erfahrung, die ihm erlaubte, so vieles zu entdecken, das er verdrängt hatte. Ich weiß sehr wohl, dass ich bereits die Möglichkeit hatte, zu zeigen, dass man nach einer solchen Erfahrung das absolute Wissen, zu dem man einen kurzen Moment Zugang hatte, vergisst. Aber Sie werden bemerken, dass selbst in diesem Fall wenigstens die Erinnerung an das Allwissen verbleibt, über das man verfügte. Normalerweise aber vergisst man die Erinnerungen an das persönlich Erlebte und während der Nahtod-Erfahrung für einen kurzen Moment Wiedergefundene nicht. Man kann unbedeutende Einzelheiten wieder vergessen, aber nicht die wichtigsten Dinge. All jene mit Nahtod-Erfahrungen, die ich kennengelernt habe, erinnerten sich vollkommen an das, was sie entdeckt oder wiedergefunden hatten. Das totale Vergessen von Pater Ernetti, der sich nicht einmal vage erinnert, dass er eine Nahtod-Erfahrung gemacht, oder dass sich soeben etwas ereignet hat, erlaubt die Vermutung, dass man uns, ohne es zu sagen, begreiflich machen will, warum er dasselbe Geständnis niemand anderem anvertraute. Wenn das, was er nur seinem „spirituellen Sohn“ erzählt hat, wahr ist, dann kann man mir nicht vorwerfen, das ich meinerseits alles glaube, was Pater Ernetti mir sagte. Meine Ehre ist unbeschädigt, und das Gleiche gilt für all jene zahlreichen Menschen, die ihm geglaubt haben.

Der Husarenstreich hätte geschickter sein können, wenn er besser vorbereitet gewesen wäre. Die Zusammenhanglosigkeiten sind zu zahlreich und offensichtlich. Das Gegenfeuer ist ein komplett missglückter Versuch, denn er bestätigt in außergewöhnlicher Weise das, was er eigentlich in Verruf bringen wollte. Ich verstehe sehr gut, warum der Autor dieses »Dokuments« anonym bleiben wollte. Er hat Recht. Ich für meinen Teil bin davon überzeugt, dass er Pater Ernetti nicht gut kannte und selbst bezüglich des Klosterlebens nicht auf dem Laufenden war. Aber seine Aussage ist trotzdem wertvoll. Sie zeigt, inwieweit irgendjemand alle Informationen über den Chronovisor blockieren will. Ungewollt bestätigen die Auftraggeber dieses »Dokuments« die Existenz des Chronovisors, indem sie die Entdeckung bestätigen und beweisen, dass es sich in ihren Augen tatsächlich um etwas sehr Wichtiges, Schwerwiegendes handelt, das man unbedingt vor uns verbergen möchte. Der weitere Verlauf meiner Ermittlungen wird dies bestätigen.

Kapitel X

Ein anderer Chronovisor

Vor einiger Zeit erhielt ich einen Anruf von einer spanischen Journalistin, die sich in Bologna aufhielt und in einem meiner Bücher entdeckt hatte, was ich über Pater Ernettis Chronovisor sagen konnte. Sie spürte, dass es sich hierbei um ein noch wenig erforschtes, fantastisches Thema handelte, und bat mich, ihr eventuell weitere Dokumente zu vermitteln, die ihr helfen könnten, ihre Recherchen voranzutreiben. In diesem Informationsaustausch richtete sie meine Aufmerksamkeit auf einen italienischen Forscher, Autor einer Attacke gegen Pater Ernetti, dessen Name mir über einen anderen Autor bereits bekannt war. Es handelte sich um den Geistlichen, über den ich schon berichtet habe: Don Luigi Borello. Es war nicht schwierig gewesen, mit diesem Priester in Kontakt zu treten, der mir sogleich ein Exemplar seines ersten Buches schickte, in dem er seine Recherchen in der Absicht veröffentlicht hatte, das zweite Buch zu vollenden, wozu er allerdings keine Zeit fand.

Er habe 1967 den Begriff »Chronovisor« für sein Gerät geschaffen. Pater Ernetti habe ihn lediglich übernommen. Wie sich zeigte, war dies nicht der einzige Vorwurf, den Don Luigi Pater Ernetti machte. Es hatte zuerst eines sehr heftigen Briefes des Benediktiners aus Venedig bedurft, damit sich Don Luigi etwas weniger aggressiv verhielt. Er ist Professor der Physik und Mitglied der päpstlichen Accademia Tiberina in Rom. Er leitet ein Wohnheim für mehr als einhundert Kinder und widmet seinen Untersuchungen seit über 40 Jahren seine gesamte Freizeit. Er hat ein kleines Buch mit dem Titel: »Come le pietre raccontano« (Was die Steine erzählen) veröffentlicht. Das Prinzip seines Gerätes unterscheidet sich vollständig von dem des Paters Ernetti. Die erhofften Ergebnisse sind - zumindest in der Anfangsphase - weniger ehrgeizig. Im Grunde sollte es sich um ein instrumentelles »Psychometer« handeln, das die mediale Sensitivität eines Menschen unterstützt oder ersetzt.

Dabei ist der Begriff »Psychometer« schlecht gewählt; er ist aber allgemein bekannt und inzwischen zu gut eingeführt, um ihn noch zu ändern. Ich versuche, in ein paar Worten zu erklären, um was es sich handelt. Alle Ereignisse, die sich an einem Ort abspielen, hinterlassen auf den Objekten, die sich dort befinden, wie auf einer kleinen Filmrolle eine unsichtbare Spur. Im Kontakt mit den Objekten kann ein sensitiver Mensch einen Teil der Ereignisse empfinden, die sich in der Nähe des Objektes abgespielt haben:

Töne, Bilder mit oder ohne Bewegung, Gerüche, Temperatur und so weiter. Unabhängig davon, welche Hypothese man vorschlägt, das Phänomen als solches existiert.

Ich übernehme hier ein sehr außergewöhnliches Beispiel des Amerikaners Dannion Brinkley (Abb. links): Während er telefonierte, traf ihn ein Blitz, der eine Nahtod-Erfahrung auslöste. Verbrannt und gelähmt brauchte der Verletzte lange Zeit, um wieder ins normale Leben zurückzufinden. Als ich ihn auf einem Kongress in Sao Paulo und später in Porto Rico traf, war er voller Leben und Fröhlichkeit, obwohl er unter seinem Hemd von Verbänden bedeckt war. Wie häufig als Folge einer Nahtod-Erfahrung hatten sich bei ihm paranormale Fähigkeiten entwickelt. Brinkley berichtet:

»Zu dieser Zeit wurde ich mir auch einer anderen außergewöhnlichen Fähigkeit bewusst. Ich finde keinen geeigneten Namen zu ihrer Beschreibung. Es genügte jemanden anzuschauen, um plötzlich Episoden aus seinem Leben so klar zu sehen, als ob ich einen Fernsehfilm verfolgen würde. Manchmal schleuderte mich der Kontakt mit einem Objekt mitten in eine Szene hinein, die sein Besitzer erlebt hatte. Oder es genügte, einen alten Gegenstand zu berühren, um seine Geschichte durch die Zeit verfolgen zu können.

Ein solches Abenteuer ereignete sich zum Beispiel auf einer Reise in Europa. Ich hatte sie angetreten, um Jaques-Yves Cousteau zu helfen und ein elektronisches System für seine Taucherausrüstung zu installieren. Ich nahm die Gelegenheit wahr und machte einen Abstecher zu einem Freund nach London. Wir unternahmen einen Spaziergang, und vor dem Parlamentsgebäude blieb ich einen Augenblick stehen, um mir den Schnürsenkel zuzubinden. Ich hatte meine Hand auf ein Metallgeländer gelegt, als ich plötzlich den Geruch von Pferdemist wahrnahm. Deutlich hörte ich das Gelächter von Kindern, obwohl mich einen Augenblick vorher niemand umgeben hatte. In diesem Moment sah ich vor dem Parlament eine Gruppe von Menschen, gekleidet wie im 19. Jhd., beim Krocketspiel. Zu meiner Rechten ragte ein Pferd auf. Ich drehte mich um, um mit meinem Freund zu sprechen, doch er war verschwunden. An seiner Stelle gingen andere Personen auf dem Gehweg hin und her, anscheinend bekleidet nach der Mode des letzten Jahrhunderts. Die Männer trugen sogar Melonenhüte. Der ungewöhnliche Charakter dieser Szene beängstigte mich, ich wusste nicht, was ich tun sollte. Ich befand mich im tiefen Winter in London, und diese Leute aus einer anderen Epoche spielten Krocket und waren leicht gekleidet.

Alle Versuche, mich mit eigenen Mitteln von dem Geländer zu lösen, scheiterten. Mein Freund hatte gesehen, dass ich mich nahezu in einer Art Trancezustand befand, und versuchte mich anzusprechen. Da ich nicht reagierte und weiterhin mit abwesendem Blick in die Umgebung starrte, ergriff er meine Hand. Seine Geste bewirkte, dass ich den Kontakt mit dem Eisengeländer verlor, und die Vision endete ebenso plötzlich, wie sie begonnen hatte.« (57)

In seiner exzellenten Studie dieser Art von Psychometrie vermittelt uns Jean Prieur (Abb. links) einige genauere Angaben: »Alle Sinne können bei der Ausübung der Psychometrie involviert sein. Man nimmt nicht nur dreidimensionale Bilder, wie bei den Hologrammen, wahr, sondern auch Geräusche, Musik, Stimmen, Gerüche, Geschmäcker und Ideen, die von anderswo herkommen. Man kann sogar Schockerlebnisse empfangen, sowie Krankheiten und Leid am eigenen Körper spüren«.

Die letzten Sätze weisen auf ein Psychometrie-Experiment hin, das Lionel Jackel vor den Augen von Jean Prieur im Kontakt mit den Mauern der alten Kapelle durchführte, die am Standort des ehemaligen Wohltätigkeitsbasars in Paris errichtet worden war. Ich kannte Lionel Jackel gut und habe absolutes Vertrauen in seine Ehrlichkeit. Jean Prieur befand sich mit ihm auf den Champs Elysées, als er den Gedanken hatte, ihn für einen Versuch zu dieser Kapelle zu führen. Lionel wusste nicht, wo er sich befand. Jean Prieur erzählte mir, er habe ihm durch keinerlei Hinweise geholfen.

Man erinnert sich vielleicht an die denkwürdige Feuersbrunst, die sich dort am 4. Mai 1897 ereignet hat. Es gab 130 Opfer, darunter 125 Kinder und Frauen, unter ihnen Sophie, Herzogin von Alencon, Schwester der Sissy. Die am gleichen Platz errichtete Kapelle »Unsere Frau des Trostes« wurde zum Gedenken an diesen Tag am 4. Mai 1900 eingeweiht. Am 27. Mai 1987 vollzog Lionel seine Demonstration. Hier eine auszugsweise Beschreibung von Jean Prieur, der am Geländer der Außentreppe lehnte und alles notierte:
»Ich bin auf dem Land… Bilder der Natur. Altertümliche Häuser um einen kleinen Platz. Es ereignet sich vor mehreren Jahrhunderten.«
»Das ist falsch, das ist unmöglich!«, ruft Msr. Prieur aus.
»Man gibt mir einen Namen: Hernani.«
»Aber nein, das kann nicht sein«, unterbricht ihn der enttäuschte Jean Prieur nochmals.
»Ich sehe eine Dame der feinen Gesellschaft, eine Adelige …«

Plötzlich ändert sich der Ton: »Meine Hände brennen… ich fühle meine Füße flattern… Geruch von Rauch… meine Hände verbrennen mehr und mehr… Etwas, das zusammenbricht… Ein ungeheures Gewicht, ein Stoß auf meine Stirn… Ich habe mehr und mehr Schwierigkeit zu atmen. Ich bin in den Flammen, wie auf einem Scheiterhaufen… Meine Lunge birst… Die Leute bekämpfen sich… Man schlägt mir auf den Rücken… Und jetzt noch ein Faustschlag in die Leber… Flammen, Flammen… ich sehe die Gesichter der kopflos umherrennenden Leute…«

Ich kürze die Erzählung hier ab. Noch weit außergewöhnlicher sind jedoch die Bestätigungen, die Jean Prieur im Nachhinein gefunden hat. Der Basar war von den Dekorateuren mit Fachwerkhäuschen, Zweigen und Efeu in eine mittelalterliche Straße umgestaltet worden. Er hatte damals auch als Theater gedient… Viele andere Einzelheiten waren vollkommen wahrheitsgetreu. Sehr interessant an diesem Beispiel ist, dass sich das vergangene Geschehen auf ein neues Gebäude übertragen hat, das noch gar nicht vorhanden war und keine physische Verbindung mit dem tatsächlichen Ereignis hat.

Doch dieser »Film der Vergangenheit« kann sich ebenso gut auch auf ein Objekt übertragen haben, das ihn bewahren und weitergeben wird. Derselbe Mechanismus der Wahrnehmung der Wellen und die Bewegung der Szenen, wie in einem Film, könnte also durch einen simplen Kontakt mit einem Objekt ausgelöst werden, wo immer es sich befindet. Es ist also möglich, Wellen wahrzunehmen, die nicht nur einer anderen Zeit entsprechen, sondern auch einem anderen Ort. Man findet mehrere Beispiele hierfür in dem zitierten Werk von Jean Prieur.

Die Idee von Pater Borello besteht darin, die gleichen Phänomene ohne Mitwirkung eines Mediums mittels eines Apparates zu verwirklichen, der aus Empfangsteilen und Verstärkern der Wellen besteht. Dieses System würde ein objektiveres Ergebnis liefern, als ein Medium, welches dem allzeitigen Risiko unterliegt, auch ohne es zu wollen, das Geschehene zu deformieren oder falsch zu interpretieren. Aber dieses Gerät würde nur im Kontakt mit einem Zeugenobjekt funktionieren und nicht erlauben, etwas Beliebiges einzufangen. Mir scheint, dass es in etwa dem ähnelt, was Georges Charpak mit seinen griechischen Tonvasen erreichen wollte, indem er versuchte, sowohl die optischen als auch die akustischen Spuren einzufangen.

Zu diesem Zweck bombardiert Pater Borello zum Beispiel einen Bimsstein mit Wellen, welche die Frequenzen von Verdis Oper »Nabucco« reproduzieren. Dank seines Apparates würde er dann die in diesem Stein eingeschlossenen Schallwellen mithilfe des Oszilloskops seines Chronovisors mit denen des Originals vergleichen und feststellen können, dass die

Kurvenformen der emittierten und der wieder gewonnenen Wellen sich sehr ähnelten. Für ihn handelte sich um einen sehr ermutigenden Versuch. Ich überlasse nun Pater Borello das Wort:
»Bevor wir einen Rechenschaftsbericht über das geben, was wir bisher verwirklicht haben, möchte ich klarstellen, was man als Chronovision bezeichnet. Wir haben bisher nur Spuren von Tönen und Bildern der Vergangenheit empfangen können, die in der Materie gespeichert sind. Ein Chronovisor, der ähnlich wie ein Fernseher funktioniert und jedem zur Verfügung steht, existiert noch nicht.

Allerdings ist es nicht ausgeschlossen, dass ein Elektronikexperte anhand der technischen Hinweise, die ich hier geben werde und den Begriffen der Neutrinotheorie, die wir zumindest in den Grundzügen kennen, binnen Kurzem ein solches Gerät praktisch verwirklichen könnte. Wir verzögern die Nutzung dieser Entdeckung im Einverständnis mit den Herstellern elektronischer Geräte, für die es keine Schwierigkeit wäre, die Fabrikation einzuleiten und die Geräte beliebig und ohne Berücksichtigung der möglichen Verletzungen (der Menschenrechte) zu verbreiten, die daraus hinsichtlich sehr delikater Geheimnisse entstehen könnten, die jeder bewahren möchte.

Dadurch, dass wir mit elektrischen Ladungen arbeiten, die einem Millionstel der Elektronenladung entsprechen, mit der die konventionelle Mikroelektronik arbeitet, ist es klar, dass wir uns nicht mit bereits existierenden Geräten zufriedengeben können, um das in der Materie gespeicherte »Restlicht« und die Töne soweit zu verstärken, dass wir sie empfangen können.

Nach diesem Entwurf erzeugt der Generator T.G. analoge Signale, die in drei Richtungen geleitet werden:

1. in das Oszilloskop, das diese auf einem Bildschirm sichtbar macht und abspeichert;

2. zum »Elaborat« ADSP, der sie nummeriert, und durch eine bidirektionale Schnittstelle mit einem Computer verbunden ist und gleichzeitig die bearbeiteten und gereinigten Signale an das Oszilloskop sendet;

3. zur Sonde SLB, um ihr in analoger Form die aktive Erregungskomponente zu liefern, die für den »Zeugen«, d. h. für die Materieanhäufung, welche die Aufzeichnungen enthält, eine Situation verwirklicht, welche analog zu der ist, die man zu finden hofft.

Die andere Schnittstelle zwischen der Sonde SLB und dem Elaborator ADPS gibt uns die Antwort, die als Muster auf dem Bildschirm des Oszilloskops gleichzeitig der erzeugenden Situation erscheint.
Aus dem Vergleich, den man sowohl visuell als auch per Computer machen kann, wird sich die allfällige Übereinstimmung zwischen der erzeugenden Situation und der empfangenen Antwort ergeben.

Die Stichprobenerhebungen werden in einer Größenordnung von mehreren Millionen pro Sekunde gemacht, doch das Oszilloskop speichert nur jene, die miteinander identisch sind oder eine ausreichende Zahl gemeinsamer Punkte enthalten.

Wenn man die Variationsbreite des Signals untersucht, kann man – wiederum visuell oder per Computer – das isolieren, was der Aufzeichnung unmittelbar vorausgegangen ist und ihr folgte. Das ebenfalls gespeicherte, unmittelbar folgende Signal wird ausgewählt und sofort mit Millionen anderer Signale verglichen. Auf diese Weise setzt man die Suche nach eventuellen Übereinstimmungen durch aufeinanderfolgende Verkettungen fort. …

Aber der wirklich wichtige Teil des Komplexes, der den »Charakter« des Chronovisors ausmacht, ist die SLB-Sonde in ihrer aktiven und passiven, erregenden und wahrnehmenden Funktion.

Bisher gibt es keinen Empfänger, mit dem es möglich ist, elektrische Ladungen, die kleiner sind als ein Elektron, oder – besser gesagt – eines Elektronenbündels, zu erfassen. Vielleicht ist es schon möglich, eine kleine Gruppe von Photonen oder sogar ein Einzelnes wahrzunehmen, doch man ist noch weit entfernt von dem Niveau, das uns interessiert.

Ich könnte noch ganze Passagen aus Pater Borellos Buch übersetzen, aber ich befürchte, dass seine Erklärungen, Ihr und mein wissenschaftliches Niveau ziemlich schnell überschreiten. Ein anderer Grund einzuhalten, besteht darin, dass ich ihn nach der Kenntnisnahme seines Buchs, um ein weiteres Exemplar gebeten hatte, um es einem befreundeten Wissenschaftler vorzulegen. Professor Costa de Beauregard wollte es gern überfliegen und hatte mich bereits gewarnt, dass alle diese Theorien unter wissenschaftlichen Aspekten schwere Fehler aufweisen, unter denen einige die von Borello selbst entwickelten betreffen.

Dennoch schien mir dieser Priester guten Glaubens zu sein. Hinter seinen mehr oder weniger glücklichen wissenschaftlichen Untersuchungen enthielt sein Buch auch einen langen ausführlichen religiösen Diskurs. Wie Pater Ernetti, erwähnte er die ersten Worte der Genesis und betonte den enormen Dienst, den diese Erfindung dem Glauben bringen könnte:
»Im Bereich der Religion zum Beispiel könnte man herausfinden, ob es wirklich eine göttliche Offenbarung des Schöpfers für die Menschheit gegeben

hat, wie sie überliefert worden ist, oder ob sie im Laufe der Jahrhunderte manipuliert wurde. Was Christus betrifft, so glauben nicht alle an ihn, und es gibt zurzeit tatsächlich keine Argumente, die imstande sind, diejenigen zu überzeugen, die nicht an ihn glauben.

Ein Argument, das jene besonders hervorheben, die nicht an die Offenbarung glauben, ist, dass man nicht sicher sein kann, dass alles, was über Christus berichtet und uns übermittelt worden ist, wirklich mit dem übereinstimmt, was er gesagt und getan hat. Wer beweist uns, so sagen sie, dass die Übersetzer und Schreiber die Originaltexte nicht manipuliert und die Tatsachen nicht entstellt haben? Mit dem Chronovisor würde jeder die Möglichkeit haben, Christus von seiner Geburt bis zu seinem Tod zu beobachten. Man könnte sehen, wie er gehandelt hat, und hören, was er gesagt hat. Mit unserer heutigen kritischen Mentalität könnte jeder beurteilen, ob er wahrhaft ein Abgesandter Gottes, der Sohn Gottes oder Gott selbst war.

Was würde passieren: die Zweifel würden verschwinden. Und wenn die Dinge wahrhaft so sind, wie die katholische Kirche sie uns darstellt, würden ihre Dogmen und Lehren von jedem akzeptiert, und die sich daraus ergebende Moral befolgt werden; wären aber die Dinge nicht so, wie sie es sagt, könnten sich viele Richtungen und Wege ändern.

In Anbetracht dessen, was ich soeben gesagt habe, könnte ich mir die Zensur der Heiligen Römischen Kirche zuziehen, obwohl keines der katholischen Dogmen dadurch angegriffen wird. Aber da dieses neue Forschungsmittel sehr delikate Geheimnisse verletzen könnte, habe ich mich abgesichert und diese Gefahr der ›Heiligen Kongregation für die Lehre des Glaubens‹ (früher: Heiliges Officium) und sie über den Umweg eines Mitarbeiters im Sekretariat der Vatikanstadt, der einen sehr engen Kontakt zum Heiligen Vater hat, diesem selbst mitgeteilt. Bis heute habe ich keine Antwort erhalten. Es ist schon über ein Jahr her und ich weiß mit Sicherheit, dass mein Brief dem Papst übergeben wurde.«

Nach all dem, den religiösen Diskurs, den ich für wenig überzeugend halte, eingeschlossen, erschien mir Don Luigi mehr als begeisterter Bastler denn als echter Wissenschaftler. Dennoch hätte er nach all dem mit seiner Begeisterung etwas erreichen können, obgleich seine Erklärungsversuche notorisch unzureichend waren. Da Pater Borello in seinem Werk einen Aufruf an Forscher gerichtet hatte, die ihm hätten helfen können, beschloss ich, mich genauer zu informieren, um die besten Argumente zur Hand zu haben, ihn mit echten Wissenschaftlern in Verbindung zu bringen. Ich versuchte einmal mehr, ihn telefonisch zu erreichen, um mit ihm das Datum unseres eventuellen Treffens zu vereinbaren. Doch hier fingen die Schwierigkeiten schon an. Es war unmöglich ihn zu erreichen! Ich versuchte es zu verschiedenen Zeiten an verschiedenen Tagen. Ich ließ einige Zeit verstreichen. Vielleicht war auch er auf Reisen? Er würde sicher eines Tages zurückkommen. Wenn ihm etwas zugestoßen wäre, hätte es mir mindestens jemand am anderen Ende der Leitung gesagt. Dann, eines Tages, sprach ein automatischer Anrufbeantworter der Post, dass diese Nummer nicht vergeben wäre. Was war passiert? War er so mit Anrufen bombardiert worden, dass er sich schützen musste? Hatte ihm eine kirchliche Autorität vorgeschrieben, niemandem zu antworten, wie dem Pater Ernetti? Ich rief die internationale Auskunft an. Nein, die Nummer hatte sich nicht geändert, nur der Teilnehmer. Der Wortlaut der Zuschreibung war etwas verändert. Es handelte sich nicht mehr um die »Colonia Pontificia Albese »Caritas« sondern um die »Associazione Culturale Luigi Borello« . Dies erklärte einiges: Don Luigi war schon über 75 Jahre alt. Er kümmerte sich bestimmt nicht mehr um die Kinder! Er hatte zwar seine Telefonnummer behalten müssen, aber der soziale Bezug hatte sich verändert. Ich versuchte es noch mal. Besetzt! Ah, schön, das ist schon besser. Es war also jemand da. Ich versuchte es später noch mal. Immer noch besetzt!

Nach ein paar Tagen kamen gegen meinen Willen gewisse Mutmaßungen in mir auf. Und wenn meine Freunde Recht hatten? Und all dies tatsächlich so wichtig war? Das war's! Man hat Don Luigi weggeschafft; ihn aus dem Verkehr gezogen. Der Vatikan hat wieder zugeschlagen. Er steht an einem geheimen Ort unter Überwachung, in kontrollierter Freiheit. Wenn ich dorthin gehe, werde ich in einen Hinterhalt fallen und verschwinden, ohne eine Spur zu hinterlassen …

Kapitel XI

Auf das Risiko hin, naiv zu erscheinen

Es erschien mir mehr und mehr klar, dass etwas geschehen war. Ich musste hinfahren, das war die einzige Möglichkeit, mir Gewissheit zu verschaffen. Allerdings musste ich ein wenig Geduld haben, denn ich hatte viele Verpflichtungen zu erfüllen, viele versprochene und angekündigte Vorträge zu halten. Ich steckte noch einige Wochen in Frankreich fest. Auf diesen Reisen manifestierte sich nach und nach wieder das Jenseits. Ich hatte nichts erbeten. Doch es war richtig, dass ein und dieselben Fragen immer wieder in mir aufkamen. Was sollte ich tun? Was ist Gottes Wille?

Das Mysterium verdichtet sich

Ich war in eine Provinzstadt eingeladen worden, um einen Vortrag über den Chronovisor zu halten. Ich hatte bereits kurz zuvor in derselben Region über dieses Thema gesprochen. Die Idee, die Vergangenheit wiederzufinden, versetzt die Leute so ins Träumen, dass die Mundpropaganda immer gut klappt und ich gebeten werde, den gleichen Vortrag wenig später in einer der benachbarten Städte zu halten. Löst genau dieses Thema alles aus, was daraufhin folgt? Ich weiß es nicht, aber möglich ist es. Vor dem Vortrag wurde ich eingeladen, mit der Verantwortlichen der Vereinigung zu Mittag zu essen, ebenso wie das Medium, das an diesem Tag nach mir sprechen sollte. Das Mahl hatte kaum begonnen, als diese Frau anfing, Jenseitsbotschaften für mich zu empfangen. Sie schien sehr gerührt, überwältigt von einer Kraft, die sich ihr mit viel Energie aufdrängte.

Unsere Gastgeberin nahm sehr schnell ein Stück Papier und übernahm die Aufgabe, nach und nach alles aufzuschreiben, was für mich durch das Medium kam. Hier ist, was sie mir gegeben hat im Originalzustand, das heißt ohne irgendeine Korrektur. Während das Medium für mich zusammenfasst, was sie sieht, hört, oder was man ihr zu verstehen gibt, wechselt der Text aus der dritten zur zweiten grammatischen Person. Manchmal duzt sie mich, während sie ihn wiederholt, denn die an mich adressierten Worte kommen aus dem Jenseits. Was ich für wichtig halte, werde ich in Klammern kommentieren.

»Sie werden von oben Hilfe erhalten, selbst wenn der Vatikan grollt. Sie werden geschützt. Diese Wesenheit, die Sie schützt, befindet sich weit oben und

ist imstande, einiges zu bewirken. Die auf den Blättern mit Tinte geschriebenen Schriftzüge sind schräg. War nicht er es, der so schrieb? *(Ich hoffe, dass tatsächlich Pater Ernetti versucht, mir auf diese Weise eine Botschaft zu übermitteln. An dem Punkt, an dem ich mich mit meinen kleinen Nachforschungen befinde, weiß ich weder was ich machen soll noch ob sich all diese Mühe überhaupt lohnt.)*
Jemand, der in der Provinz wohnt. Ein Haus mit einem kleinen Garten. Sie werden sich wieder treffen.« (*???*)
»Schützen Sie auch das Manuskript. Man lässt mich keine Gefahr für Sie fühlen.« (*Ich habe also kein Komplott zu befürchten. Man wagt nicht, Ihnen Handlanger – Vollstrecker schmutziger Arbeiten – zu schicken*).
»Er sagt mir, dass manche Leute im Vatikan den Kopf in den Sand stecken, andere werden erfreut sein und einen Seufzer der Erleichterung ausstoßen. Es wird eine Opposition geben, aber einige werden innerlich einverstanden sein und doch schweigen.« (*Möglich, sogar wahrscheinlich.*)
»Durch das Buch entstehen viele Kontakte nach Südfrankreich, zu Seminaristen, Priestern, wichtigen Menschen, die Sie nach Erscheinen des Buches kontaktieren werden.« (*An mir soll es nicht liegen, mein guter Wille ist immens, doch ich sehe bisher noch kein entsprechendes Anzeichen.*)
»Man zeigt mir vergilbte Papiere. Dokumente, Blätter mit alten Schriftzügen, die eine Hilfe für dieses Buch sein könnten.« (*Es beginnt sich anzufühlen wie eine Szene aus Umberto Ecos Buch »Im Namen der Rose«. In einem Film sehe ich sie genau vor mir. Eine unterirdische Bibliothek mit einem verborgenen Eingang, den man nur über eine Geheimtreppe erreichen kann; gewaltsam »verdeckt«! Und ein alter Mönch, ganz gebeugt, voller Falten, zahnlos, »authentisch« , wie es Sylvie Joly lieben würde, der nur auf meinen Besuch wartet, um das Recht zu erlangen, endlich sterben zu können, nachdem er mir sein Geheimnis anvertraut hat.)*
»Die Person, die Sie kennenlernen werden, steht einem Geistlichen sehr nahe. Ich fühle ihn als sehr einflussreich. Jemand, der das Wissen besitzt. Es könnte ein Priester sein, wie Sie. Ja, es ist die Person, an die Sie denken. Er wird Sie führen und Sie veranlassen, zu bestimmten Orten zu gehen. Er ist sehr ehrlich. Er hat selbst gekämpft, um seine Sichtweise zu erhalten. Er ist wie Sie.« (*Hier war ich etwas verwundert. Die Person, die ich bei meinem nächsten Besuch in Italien zu kontaktieren wünschte, war Pater Luigi Borello. Doch dieser war sehr kritisch gegenüber Pater Ernetti, wie wir feststellen konnten. Aber augenscheinlich haben die Bedingungen sich nach Pater Ernettis Tod verändert. Alles ist möglich. Man wird sehen. Vielleicht sprach in diesem Moment auch Pater Borello selbst mit mir. Das würde alles erklären. Er wird mich führen? Perfekt! Es ist sicherlich nicht Pater Ernetti, der mit mir kommuniziert, denn er hätte sich nicht über den priesterlichen Charakter von Pater Borello zurückgehalten.*)

»Ich kreise immer noch um ein Buch. Sie sind in der Mitte. Er lässt mich das Buch in zwei Hälften öffnen.« (*In gewissem Sinn stimmt das genau. Ich denke, alles zusammengetragen zu haben, was ich über Pater Ernettis Chronovisor finden konnte, und Pater Borellos Chronovisor könnte sehr gut einen zweiten Teil bilden.*)
»Besonders im Monat Mai werden sie viele Elemente zum Schreiben erhalten. Der Monat Mai wird sehr reich sein.« (*Um mir dies zu enthüllen, muss dem Medium kein großes Verdienst zukommen, Sie weiß es bereits, denn ich habe es ihr selbst erzählt.*)
»Du wirst die letzten 14 Tage haben, um dem Buch den letzten Schliff zu geben. Der Monat Mai wird der Rahmen sein. Der Kontakt mit diesem Priester ist sehr wichtig, er wird Dir wie ein Partner vorkommen, der viele Leute und viele Verbindungen kennt. Dieses Buch wird eine Verbindung zum Vatikan haben. Sie werden Unterstützung erhalten, denn Sie tun es im richtigen Moment. Es ist an der Zeit und der richtige Zeitpunkt.« (*Also maulen nicht alle im Vatikan. Das mag ich. In einem solch verschlossenen Milieu gibt es sicher auch Kräftespiele. Es endet immer damit, dass etwas nach außen dringt. Ich habe nicht das Verlangen, wie einer gegen alle um mein Recht zu kämpfen. Nicht alles im Reich des Vatikans ist verdorben. Ohne Zweifel bedarf es eines frischen Windes, einer Neuorganisation der Kirche, die dem Ursprung näher kommt. Eines vielleicht notwendigen heftigen Schocks, aber nicht koste, was es wolle.*)
»Diese Leute werden eine Macht kreieren wollen. Es wird Eingeweihte geben, die sich in diesem Augenblick in Südfrankreich offenbaren werden. Im Buch wird es einen sehr esoterischen Teil geben. Es ist meine Aufgabe, diesen zu übernehmen. Er lässt mich verstehen, dass es eine Mission ist.« (*Oh la la! Das mag ich überhaupt nicht! Es beginnt deutlich nach »New Age« zu riechen. Ich, der die französische Sprache sehr respektiert und Fremdwörter gern übersetzt, bevorzuge es, dieses Wort und seine Bedeutung den Angloamerikanern zu überlassen. »New Age« ist eine wahre Karikatur der Spiritualität, das beste Mittel, seine Anhänger von der wahren spirituellen Suche zu entfernen und einem mühelosen Ersatz zuzuleiten. Es missfällt mir, auf diese Weise mit einer »Mission« geehrt zu werden, denn ich kenne diese Art von Schmeichelei seit Langem und weiß sehr gut, dass sie immer eine Art Manipulation verdeckt. »Sie« kennen mich sehr schlecht in diesem Jenseits.*)
»Für den Vatikan ist es das Ende der Zeiten. Obgleich es noch einen Papst gibt, wird er der letzte sein. Und dieses Buch wird ein Wegbereiter sein. Es muss gut ausgearbeitet sein. Es darf keine Fehler enthalten, damit man es nicht angreifen kann. Sie werden geführt werden, damit das Buch unangreifbar sei.« (*Um zu erraten, dass wir mehr oder weniger schnell auf das Ende des Systems des aktuell existierenden Papsttums zugehen, benötigt man keine jenseitigen*

Offenbarungen. Aber das ist nicht gleichbedeutend mit dem Ende der Kirche und dem Triumph der Hirngespinste einer »New Age-Spiritualität« .)
»Es gibt eine Verbindung zum Dalai Lama. Er wäre vermutlich einverstanden mit dem, was Sie schreiben werden. Es wird ein brutales Erwachen des öffentlichen Bewusstseins sein, ein notwendiger Schock; das ist die Wahrheit, die Wirklichkeit. Dieses Buch wird Folgen bewirken; andere Antworten; eine wahre Wegweisung.« (*Ich sehe wirklich nicht, warum es eine Verbindung mit dem Dalai Lama geben sollte. Er könnte die Annäherungen an die »Akasha-Chronik« gutheißen. Doch das führt nicht weit*).
»Neue Enthüllungen über den Chronovisor mit Beweisen seiner Echtheit, neue Schriften und Dokumente im kommenden Jahrzehnt.« (*Perfekt, ich verlange nichts als das, wenn es Gottes Wille ist. Nur die Zukunft wird es sagen.)*
»Man sagt mir, dass die Sperre auch von den Jenseitsebenen kommt, wo das Ganze für Unbehagen sorgt und Unordnung auslöst. Allerdings wird eine Zeit kommen, in der die Wissenschaft die Religion überwinden wird. Aber diese Wissenschaft wird durch authentische Kanäle in einem geschlossenen Kreis zwischen dem Sichtbaren und dem übergeordneten Unsichtbaren übermittelt werden, zur Evolution und zum Wohl der Menschheit, wie auch für das universelle kosmische und das individuelle Bewusstsein. Ende des Zitats der medial geäußerten Botschaft.« (*Man verfällt wieder in die esoterisch-okkulten Zuckerwerk-Diskussionen der spirituellen Fiktion des »New Age«. Nein danke! All dies kommt sicher nicht von Pater Ernetti und auch nicht von Pater Borello. Aber wer schickte mir diese Botschaften? Wer versucht, mich zu manipulieren und zu benutzen; und aus welchem Grund?*)

Die Stunde der Wahrheit

Endlich kam eine etwas ruhigere Zeit ohne Vorträge. Mir blieben nur wenige Tage, doch sie mussten reichen. Ich reiste wieder nach Italien. Erste Etappe, Varazze. Dort, in der Villa Aurora, dem Sitz seiner kulturellen Gemeinschaft, lebte und arbeitete Don Luigi. Das Taxi setzt mich in der Via Sardi, Nummer 45, ab. Ich befinde mich vor einem mit Kette und Vorhangschloss verriegeltes Eisengitter, welches den Eingang zu einem von Gebäuden umgebenen Hof bildet. Ich bemerke das Heck eines Wagens, der hinter einem der Häuser hervorragt. Es gibt einen Klingelknopf. Ich klingele, lasse nicht locker. Nichts rührt sich. Ich warte lange Zeit, klingele erneut. Nichts. Alles erscheint verlassen. Dann sehe ich ein wenig seitwärts einen kleinen Briefkasten mit einem handgeschriebenen Zettel. Das Papier ist sehr vergilbt, doch ich glaube nicht, dass es sich um eines der durch das Medium angekündigten

Dokumente handelt. Die Tinte ist von der Sonne ausgebleicht, aber die Schrift ist noch erkennbar. Ich lese einen Hinweis, der sich eher an den Briefträger richtet, als an mich, und vorschreibt, man möge die Post, insbesondere die Einschreiben zu M. Valle ins Hotel »Coccodrillo« bringen. Woher wohl mag dieser schreckliche Name kommen? Dennoch, die Wahrheit geht vor!

Ich begebe mich also in den Rachen dieses »Krokodils« . Und treffe dort auf eine charmante Frau des Typs »ewig blond«. Sie leitet mit ihrem Mann zusammen dieses Hotel. Ich sage ihr, ich sei gekommen, um Pater Borello zu sehen. »Aber er ist doch gestorben«, antwortet sie mir. »Aber erst vor ein paar Monaten. Ich erinnere mich nicht genau, wann«. Ich versuche, etwas mehr zu erfahren. Waren sie und ihr Mann über Don Luigis Forschungen auf dem Laufenden? »Nein, wir kannten ihn kaum. Aber unser Hotel befindet sich ganz in der Nähe von seinem Haus und deshalb haben wir akzeptiert, ihm diesen Dienst zu leisten. Er starb im Krankenhaus; an Diabetes, soviel ich weiß«.

Aber ich muss mich doch auf den verschiedenen Ebenen informieren! Jetzt verstehe ich endlich, warum ich auf meine Anrufe keine Antwort bekam. Die Häuser des ehemaligen Kinderzentrums scheinen seit mindestens einigen Monaten aufgegeben worden zu sein. Diese Kette mit dem Vorhängeschloss wäre unerklärbar, wenn noch jemand dort leben würde. Dennoch; es gibt auch andere Mittel, um ein Gitter zu verschließen.

In der Folge bin ich nun auch über den Wert der medialen Botschaften aufgeklärt, die ich erhalten habe. Auf das - wenn auch auf mich genommene - Risiko hin, manchen Leuten, naiv zu erscheinen, glaube ich weiterhin an die Realität dieser Jenseitskommunikationen. Einfach weil ich auch weiß, wie hoch komplex dieses Phänomen ist, und wie sehr man seine Distanz zu all diesen Botschaften wahren muss. Jetzt hatte ich dafür einen weiteren Beweis. Ich zweifelte weder der Ehrlichkeit dieses Mediums, noch an der Realität seiner Begabung. Sie schien wirklich gestört, belästigt von der Kraft dieser Präsenz, die sich ihrer bemächtigte. Sie hatte nach dem Mahl bei unseren Gastgebern an dem Vortrag teilgenommen, den man mich gebeten hatte, über Pater Ernettis Chronovisor zu halten, und sie sagte mir nach dem Ende meiner Ausführungen, dass sie noch während der ganzen Zeit meines Vortrages über den Chronovisor diese Gegenwart mit einer ungewohnten Stärke gespürt hatte.

Jetzt blieben nicht mehr viele Karten zu spielen, um zu versuchen, daraus mehr abzuleiten. Kurz vor seinem Tod, als ich noch telefonisch mit ihm sprechen konnte, hatte mir Pater Borello die Fotokopien von zwei Zeitungsartikeln geschickt. Der eine behandelte seine Auseinandersetzungen mit Pater Ernetti, die ich weiter oben dargestellt habe. Der zweite war von

einem Journalisten unterzeichnet, der über Pater Borellos Versuche mit seinem Bimsstein und die Aufzeichnung der Oper »Nabucco« berichtete. Dieser Journalist führte außerdem eine Verordnung des Vatikans an, welche diejenigen mit Exkommunikation bedrohte, die versuchen würden, Töne und Bilder der Vergangenheit aufzufangen und zu veröffentlichen. Der Titel dieses Artikels lautete:
»Ein Priester bietet dem Vatikan die Stirn, indem er die Stimmen auf Steinen hört«. Teufel auch!, wage ich zu sagen. Diese Sache ist schwerwiegend und verdient, überprüft zu werden. Abschließend schrieb der Autor des Artikels: »Die Kirche distanziert sich von den Experimenten, die ein gelehrter Priester durchgeführt hat, und warnt 1988 in einem sogenannten Dekret unter Androhung der Exkommunikation eines »jeden«, der mit welchen technischen Mitteln auch immer (d. h. mit dem Chronovisor) solche Aufnahmen macht und die Ergebnisse solcher Forschungen verbreitet.«

Der Artikel führt fort: »Aber Pater Borello ist in aller Bescheidenheit entschlossen, seine Untersuchungen fortzusetzen und zitiert dazu eine Passage aus dem Lukas-Evangelium: 8,17 ›Denn es ist nichts verborgen, was nicht offenbar werden wird, noch geheim, was nicht kundwerden und ans Licht kommen soll.‹ Sehen wir hier nicht schon in der Dämmerung des Jahrtausends die Morgenröte einer unglaublichen Revolution in der Berücksichtigung mathematischer ›offener Mengen‹ durch Borello?«

Was für eine bildschöne Entschleierung! Ich finde heraus, dass dieser Artikel der Zeitschrift »Il secolo XIX« aus Genua stammt, und so beschließe ich, eine Pause einzulegen und diesen Journalisten kennenzulernen. Wie alle italienischen Städte empfand ich Genua als wunderschöne Stadt, doch überall sind Baustellen. Die meisten Paläste waren mit Planen bedeckt, als ob der Verhüllungskünstler Christo vorbeigegangen sei. Die Stadt bekam zur Aufnahme des G8-Gipfels ein neues Gesicht. Alles wurde gereinigt und geputzt. In einer Buchhandlung erfuhr ich den Sitz des Journals, wo ich entdeckte, dass der Journalist in Savona lebte. Ich konnte ihn telefonisch erreichen und vereinbarte einen Termin mit ihm. Aber zuvor wollte ich mich einmal mehr zur Bibliothek Bozzano-De Boni in Bologna begeben, wo ich Msr. Ravaldini treffen musste. Er hatte mir schon einige Jahre zuvor merklich geholfen, indem er mir alle in seinem Besitz befindlichen Artikel über die Streitigkeiten geliefert hatte, die sich um Pater Ernetti ereigneten. Vielleicht würde er mir etwas Neues über den einen oder anderen Chronovisor bieten. Zur vereinbarten Zeit befand ich mich vor dem Gebäude, das die Bibliothek beherbergte. Jedenfalls glaubte ich das. Die Fensterläden waren geschlossen. Seitlich der Tür befanden sich Namensschilder und die zugehörigen Klingelknöpfe, doch keine Inschrift verwies auf die Bibliothek. Das

Ganze begann einige schlechte Erinnerungen aus Varazze zu wecken, ein peinliches Gefühl von »Déjà-vu« . Die Zeit verrann, und schließlich erfuhr ich in der Nachbarschaft, dass die Bibliothek schon vor langer Zeit umgezogen war. Ich erspare Ihnen die Einzelheiten. Ich erreichte die neue Adresse der ehrwürdigen Institution. Signore Ravaldini erwartete mich auf dem Gehweg mit seinem freundlichen Lächeln, aber leider konnte er mir nichts Neues anbieten.

Spät am gleichen Abend kam ich in Savona an, wo ich am nächsten Tag Vanni Perrone kennenlernte, den Autor des Artikels, der mich interessierte. Endlich jemand, der Don Luigi persönlich gekannt hatte, und der mir vielleicht einige zusätzliche Hinweise geben könnte. Wenn ich schon - mit Verlaub - nicht den Bären selbst hatte treffen können, dann doch jemanden, der den Bären gesehen hat.

Auf diese Weise erfuhr ich einige Einzelheiten zu Pater Borellos Person. Er war nicht nur Bastler, sondern auch Sammler alter Münzen und Briefmarken... Nein, Vanni Perrone hatte dieses Gerät nie gesehen, aber Don Luigi hatte ihm von seiner Erfahrung mit dem Bimsstein und der Musik aus »Nabucco« erzählt. Gegen Ende seines Lebens glaubte er nicht mehr, seine Arbeit fortsetzen zu können. Er fühlte sich zu schwach. Er hatte begriffen, es nicht geschafft zu haben, jemanden dafür zu interessieren. Er hatte seine Apparatur selbst zerlegt. Er hatte bereits Schwierigkeiten mit der Bewegung und der Atmung. Vanni Perrone machte mir Fotokopien einiger Dokumente, unter anderen des geharnischten Protestbriefs von Pater Ernetti, den Pater Borello erhalten hatte, und seiner Antwort, sowie auch eine Kopie der berühmten Verordnung des Vatikans, die jeden zu exkommunizieren drohte, der Bilder aus der Vergangenheit empfangen und verbreiteten würde.

Dennoch: Endlich hatte ich etwas Konkretes, Solides. Nichts Großes, doch zumindest etwas! Leider musste ich wieder etwas zurückstecken. Diese Verordnung existiert wirklich unter dem 23. September 1988 und kann deswegen nicht im Code von 1983 vorkommen. Aber sie zielt auf den Chronovisor nur als Pater Borellos Fantasieprodukt. Der Text ist vollkommen klar. Es handelt sich um eine Verordnung, deren einziges Ziel darin besteht, das Beichtgeheimnis zu schützen, indem es jedem mit Exkommunikation droht, der mit welchen Mitteln auch immer, einschließlich instrumenteller Techniken, etwas aufnimmt und verbreitet, was zwischen Beichtvater und Beichtkind besprochen wird.

»Ad sanctitatem sacramenti Poenitentiae tuendam - quicumque quovis technico instrumento ea quae in Sacramentali Confessione, vera vel ficta, a se vel ab alio peracta, a confessario vel a poenitente dicuntur captat...«.

Es betrifft hier insbesondere das Verbot von Tonbandaufnahmen, welche einige Franziskaner im Beichtstuhl von Pater Pio zu machen gewagt und die Bänder an das Heilige Offizium geschickt hatten. Dieses erachtete es nicht einmal für nötig zu protestierten, wie es hätte getan werden müssen. Die Benutzung von Pater Borellos Chronovisor, zum Empfang von Bildern und Tönen, würde jedoch dieser Verdammung nur in dem wenig wahrscheinlichen Fall unterliegen, in dem man sich seiner genau dazu bediente, Beichtgeheimnisse der Vergangenheit aufzufangen, etwa aus dem Holz des Beichtstuhls oder aus einem beliebigen Gegenstand, der sich zur Zeit der Beichte dort befunden haben könnte…

Der genaue und vollständige Text des Briefwechsels zwischen Pater Ernetti und Pater Borello brachte mir mehr (siehe Abb. rechts). Mein Benediktinerfreund begann seinen Brief vom 21. November 1990 folgendermaßen: »Ich danke Ihnen sehr für die Feinfühligkeit, die Sie mir gegenüber gezeigt haben, indem Sie mich mit ihrem Buch » Wie Steine erzählen« beehrten. Bravo! Es gefällt mir sehr! Aber erlauben Sie mir, Ihnen zu sagen, dass diese Veröffentlichung derart echte schwerwiegende Verleumdungen mir gegenüber enthält, dass sie, nach dem Rat meines Anwalts, Kraft der für Druckwerke gültigen Gesetze eine Wiedergutmachung verlangt.« Der Brief endet mit der Wiederholung der gleichen Drohung: »Der Anwalt unserer ›Fondazione Giorgio Cini‹ hat nicht die Absicht, zu schweigen.« Wesentlich an diesem Protest ist der unübersehbare Ton vehementer Empörung: »Die Existenz dieses Apparates ist eine sakrosankte Wahrheit; auch dass man darin viele Ereignisse der Vergangenheit empfangen hat ist die Wahrheit; auch dass sich darunter das Bildnis Christi und die Thyeste des Ennius befindet, ist wahr; und dass eine Höchste Autorität den Gebrauch (dieses Apparates) verboten hat, ist ebenfalls wahr«. Schließlich bestätigt Pater Ernetti deutlich, er habe niemals im Traum daran gedacht, eine eventuelle Reflexion der Wellen der Vergangenheit auf ein Himmelsobjekt anzuwenden. »Das sind falsche Behauptungen! Ich habe weder an so etwas gedacht, noch von einem solchen Prinzip gesprochen, das augenscheinlich unsinnig ist und den Autor als Dummkopf hinstellt!«

Diese schöne Entrüstung ist mir sehr wichtig. Man nimmt ihn hier als (selbst)sicheren beleidigten Mann wahr. Das Wort »wahr« kommt in ein paar Zeilen vier Mal vor. Pater Ernetti konnte sich nicht selbst gegen die Verdächtigungen und Angriffe verteidigen, deren Zielscheibe er war. Aber trotzdem erlaubt er sich, auf die geringschätzigen Anschuldigungen eines Mitbruders in einem privaten Brief zu reagieren.

All dies bestärkt mich in meiner Überzeugung, dass es wirklich einen Apparat gab, der von einem ganzen Team um Pater Ernetti entwickelt worden war und tatsächlich funktionierte.

ABBAZIA DI SAN GIORGIO MAGGIORE 30124 VENEZIA TEL. 89900/92

21 novembre 1990

Prot.N. 769/C
Don Luigi BORELLO
Via Sardi 45
17019 VARAZZE (SV)

La ringrazio vivamente della gentile delicatezza nei miei riguardi, per avermi fatto omaggio del suo libro "Come le pietre raccontaro". Bravo! mi piace molto!
Ma mi consenta di dirLe che ci sono delle vere calunnie gravi nei miei riguardi che, secondo il mio avvocato, vanno riparate in base alle leggi "della stampa".

1) A pag.5 Teresa Fessia scrive di una "ingenua trovata" la mia, a proposito della registrazione del volto di Gesù! Veda, Padre, probabilmente né Lei né la Teresa avete continuato ad aggiornarvi. Infatti l'esistenza dell'apparecchio è una sacrosanta verità; che si abbia captato tante cose del passato è anche una verità; che tra queste cose captate ci sia anche l'imagine di Gesù e il Thieste di Ennio è una verità; e che le supreme Autorità ne abbiano proibito l'uso è anche una verità.
Circa poi Collevalenza: il nostro Cristo fu captato nel 1953, mentre quello di Collevalenza fu realizzato sei anni circa dopo; e quando la Mdre Speranza lo vide nella nostra foto, saltò dalla gioia perché corrispondeva a quello della sua visione: questi sono fatti storici.- Pertanto la Teresa non dica" il sedicente inventore"...Sono calunnie/!

2) A pag. 83 Lei, a proposito della "macchina del tempo", scrive:" si trattava unicamente di una idea peregrina e mai realizzata, anche perché si basava su presunti principi inadeguati, ossia sul ritorno di onde dopo essere state riflesse da corpi celesti distanti anni-luce".
Sono affermazioni false! Io non ha mai né pensato né dettato mai un tale suo principio che, ovviamente, è un nonsenso! e che farebbe passare il sottoscritto come un cretino!

Caro Don Borello, veda pertanto il da farsi, poiché l'avvocato della nostra Fondazione "G.Cini", non intende rimanere in silenzio.

Mi stia bene e ricordiamoci al Signore

suo dev.mo

P.Pellegrino M.Ernetti OSB

Der Originalbrief von Pater Ernetti an Don Luigi Borello vom 21. November 1990.

Kapitel XII

Wenn die Wölfe den Wald verlassen

Im Jahr 2002 erschien die italienische Übersetzung meines ersten Buches über den Chronovisor. Dadurch wurde in Italien das Interesse für Pater Ernetti und sein Gerät, so schien es mir, wieder erweckt. Ich wurde eingeladen, am 27. April 2003 auf einem Kongress in Riccione einen Vortrag über dieses fantastische Mysterium zu halten.

Ich erlebte dort die Überraschung, die Existenz eines Neffen von Pater Ernetti zu entdecken, von dem mir bisher niemand erzählt hatte. Er stand neben mir auf der Bühne, und ich hatte die Freude, sein Zeugnis zu hören: »Aber sicher! Als ich klein war, sprach mein Onkel zu mir über seinen Chronovisor. Aber es ist wahr, dass er sich im Kreise der Familie mehr über die kleinen Ereignisse im Leben jedes einzelnen informierte oder es liebte, die gemeinsamen Erinnerungen an gewöhnliche vergangene Ereignisse auszutauschen.«

Aber Aprilio Ernetti war nicht der einzige Zeuge. Man zeigte uns einen Film mit einer Art Umfrage, in deren Verlauf mehrere Personen berichteten, was sie über die Arbeiten meines Benediktinerfreundes wussten. Leider waren weder diejenigen, welche die Umfrage durchgeführt hatten, noch einer der Befragten anwesend. Doch dieser Weg war aussichtsvoll. Nach so vielen Bemühungen konnte ich jetzt nicht aufgeben. Eines Tages musste ich nach Italien zurückkehren.

Ich gebe zu, dass mich vielleicht nicht nur der sehr lobenswerte Wunsch veranlasste, den Italienweg wieder aufzunehmen, um meine Ermittlungen zu Ende zu führen. Ich glaube, dass die Aussicht, die vielen wunderschönen geliebten Orte noch einmal zu besuchen, viel zu meiner Entscheidung beigetragen hat, die Suche nach der Wahrheit fortzusetzen. Ich hatte einen Ausgangspunkt: Die Adresse von Aprilio Ernetti, der sich freundlicherweise bereit erklärt hatte, mir eventuell bei der Wiederaufnahme meiner Ermittlungen zu helfen. Er lebte ganz in der Nähe von Rom. Da ich nicht im Voraus wissen konnte, wo diejenigen wohnen würden, die ich in der Folge aufsuchen wollte, war es am einfachsten, mein Flugticket nach Rom, dem Zentrum des Landes, zu nehmen. Von dort aus würde ich alle Ziele ohne größere Entfernungen erreichen können. Einer der besonderen Aspekte dieser Art von Ermittlung war ihr gelinder Abenteuerduft, diese notwendige Bereitschaft, dorthin zu gehen, wohin es nötig war, ohne vorher zu wissen, wo das sein würde. Werde ich Neapel, Florenz oder Venedig wiedersehen?

Die Zeugenaussage des Neffen Aprilio Ernetti

Am Sonntag, dem 8. Februar 2004, flog ich also nach Rom. Aprilio erwartete mich am Flughafen. Er brachte mich mit dem Auto zu sich nach Hause, 60 Kilometer von der Hauptstadt entfernt. Schon während der Fahrt wurde ein sehr intensiver Dialog eröffnet. Ich bereute, weder ein kleines Aufnahmegerät noch Papier und Stift bei mir zu haben, um Notizen zu machen. Ich befürchtete, eine kostbare Einzelheit oder die Frische der ersten Erzählung zu verlieren. Rocca San Stefano ist ein kleiner Ort auf dem Gipfel eines Felshakens, wie man sie aus Sicherheitsgründen im Mittelalter baute. Das Ende der Straße ist sehr schön. Man fährt an einem Schwindel erregenden Abgrund entlang und bemerkt in der Ferne weitere kleine Städte, die auf den Gipfeln anderer Felsen errichtet worden sind. Man muss das Auto in der Mitte der Stadt parken und den Weg zu Fuß durch die Gässchen fortsetzen, die sich bald in Treppen verwandeln. Diese extreme Situation hindert die Häuser aber nicht, sich des gesamten modernen Komforts zu erfreuen. Die Hauptstraße heißt: Via Pater Pellegrino Ernetti, musico/fisico (Musiker/Physiker).

Ich wurde von der gesamten kleinen Familie empfangen, Signora Ernetti, ihrem Sohn und ihrer Tochter. Sicher hatten sie das Essen verzögert, um mich einladen zu können, es mit ihnen zu teilen. Was ich übrigens nicht bereute. Nach dem Essen machten wir uns an die Arbeit.

Pater Ernetti wurde in dem Haus geboren, in dem ich mich befand. Sein Vater war Schuster gewesen. Wie alle wahrhaft großen Männer war Pater Pellegrino sehr einfach geblieben. Wenn er seinen Neffen besuchte, nahm er vollständig am Familienleben teil und ging sogar in die Küche, um an der Zubereitung der Mahlzeiten mitzuwirken.

Aprilio erinnert sich daran, dass laut seinem Onkel die Funktion des Chronovisors nicht von einer medialen Begabung abhängig war. Es handelte sich um eine streng wissenschaftliche Entdeckung. Ich erinnere mich, dass Pater Ernetti in der Tat auch mir gegenüber diesen Punkt besonders unterstrichen hatte.

Es ging auch nicht um das Problem, über den Chronovisor in Kontakt mit Verstorbenen kommen. Der großzügige Spender einer amerikanischen Stiftung, der von dem Gerät gehört hatte, wollte Pater Ernetti eine beträchtliche Summe anbieten, wenn dieser einen Kontakt mit dem Jenseits herzustellen und die Kontinuität des Lebens nach dem Tod beweisen könnte. *Es handelt sich hierbei wahrscheinlich um James Kid, der demjenigen, der das Überleben der Seele beweisen würde, sein gesamtes Vermögen im Wert von etwa vier Milliarden Dollar testamentarisch hinterlassen hatte.*

Pater Ernetti hatte ihm geantwortet, dass der Chronovisor zwar nicht nur Gesichter, sondern auch Bäume, Häuser und alle Dinge dieser Welt empfing. Er glaube aber nicht, dass es sich dabei um Bilder der jenseitigen Welt handele. Dieses Gerät konnte nur das empfangen, was sich in unserem materiellen Universum ereignet hat und nicht in anderen Dimensionen. Ich erwähne diesen Punkt am Rande nur, weil diese Erinnerung des Neffen das Interesse der Amerikaner an dem Gerät bestätigt. Die Existenz des Chronovisors war also schon Gegenstand weiter Verbreitung, was die Unwissenheit sehr unwahrscheinlich macht, in der sich einige der engsten Mitarbeiter Pater Ernettis zu befinden vorgaben,

In gleicher Weise konnte der Chronovisor auch nicht die Zukunft empfangen, sagte er, denn es war nur möglich, Wellen zu empfangen, die tatsächlich existiert hatten. Was diesen Punkt betrifft, frage ich mich, ob es nicht eine gewisse Entwicklung im Denken von Pater Ernetti gegeben hatte, denn die Wellen, die der Chronovisor empfangen konnte, existieren vermutlich auf einem Niveau, auf dem die Zeit und der Raum keine Rolle mehr spielen, was es grundsätzlich erlauben müsste, auch zukünftige Ereignisse aufzunehmen. Vielleicht erinnert sich der Leser an die Fragen meines Freundes Rémy Chauvin bezüglich dieser Möglichkeit, die Pater Ernetti nicht wirklich beantwortet hatte. Er hatte sich damals auf ein geheimnisvolles Lächeln beschränkt.

Der Neffe gab mir nach und nach neue genauere Einzelheiten und zwar jedes Mal in dem sehr lebhaften Ton eines Berichters, der sich des Erzählten sehr gewiss ist, weil er es mehrere Male gehört hatte. So erklärte er mir auch, dass man, nachdem der Apparat das Bild von jemandem empfangen hatte, den Winkel wählen konnte, unter dem man es sehen wollte. Es war sogar möglich, die Person nacheinander von allen Seiten zu betrachten.

Aprilio vertraute mir an, dass sich unter den Mitarbeitern seines Onkels ein gewisser De Matos, ein portugiesischer Physiker, befand. Bei dem Namen Raffaele Cumar (Musiker/Komponist) zögerte er ein wenig. Vielleicht war es ein Priester, fügte er hinzu. Jedenfalls hatte er in Zusammenarbeit mit Pater Ernetti ein Buch mit dem Titel: »Warum existiert die Musik?« geschrieben.

Aprilio berichtete mir auch einen Versuch, von dem mein Benediktiner Freund mir nie erzählt hatte. Eines Tages hatte Pater Ernetti sein Gerät erfolgreich auf das Zuhause oder Büro seines Freundes, des Polizeichefs von Venedig, eingestellt. Danach hatte er ihn angerufen, um zu überprüfen, ob das, was er in Bild und Ton empfangen hatte, tatsächlich der Wirklichkeit entsprach. Sehr belustigt erwähnte Aprilio die außerordentliche Überraschung dieses, fast schon ein wenig beunruhigten Freundes.

Ja, sein Onkel hatte ihm auch vom Leidensweg Christi erzählt, den sie dank des Chronovisors in Bild und Ton erleben durften und auch hatten filmen können. Der Neffe bestätigte mir außerdem, dass man das Gerät zerlegt hatte und seine Pläne bei einem Notar in der Schweiz und irgendwo in Japan hinterlegt worden waren.

Noch erstaunlicher war, dass Aprilio behauptete, Pater Ernettis Schwester Germana, die ich in Florenz besucht hatte, glaube, das Gerät sei zerlegt und in die Schweiz gebracht worden. Mir gegenüber schien sie nichts von allem zu wissen und kaum etwas von den Jenseitskommunikationen gehört zu haben. Dennoch bestätigte mir sein Neffe: »Wenn sie und mein Onkel im Hause waren, sprach man vorwiegend über die Familie, das ist wahr, aber man sprach auch in ihrer Anwesenheit über den Chronovisor und alle Forschungen meines Onkels«. Auch mir gegenüber hatte also die Anweisung zum Schweigen bestens funktioniert!

Wir haben hier ein ganzes Bündel präziser, von einem unmittelbaren Zeugen bestätigter Einzelheiten, der über jeden Verdacht erhaben ist. Aprilio Ernetti ist für das Rechnungswesen seiner Gemeinde verantwortlich. Er hätte seit Jahren versuchen können, die Aufmerksamkeit auf sich zu ziehen, um daraus Profit zu schlagen oder wenigstens ein wenig Ruhm und Ehre zu ernten. Er hatte sich niemals irgendjemandem gegenüber geäußert, sodass mir während meiner ersten Ermittlungen niemand etwas von ihm hatte erzählen können.

Was die fantastische, erfundene Geschichte angeht, die der »spirituelle Sohn« erfunden hat, so hat deren Autor gut daran getan, sie in »einige Wochen vor Pater Ernettis Tod« zu legen, denn diese letzten Augenblicke meines Benediktinerfreundes auf Erden liefen, wie wir schon gesehen haben, völlig anders ab.

Aprilio Ernetti brachte mich noch am gleichen Tag zurück nach Rom. Doch bevor er mich verließ, gab er mir noch zwei sehr wertvolle Hinweise. Der Autor der Kassette, die ich während des Kongresses in Riccione gesehen hatte, und in der weitere, Pater Ernetti nahestehende Zeugen auftraten, heiße Edoardo Montolli und wohne in Mailand. Wir haben ihn sofort angerufen, und ich erfuhr, dass er bereit war, mich zu empfangen.

Die zweite wichtige Information: Pater Ernetti war ein guter Freund von Giulio Andreotti, dem vielleicht berühmtesten Politiker Italiens. Nach Aprilios Aussage stand er selbst im Telefonverzeichnis seines Onkels an der ersten Stelle, direkt gefolgt von Andreotti. Jedes Mal, wenn sein Onkel nach Rom kam, nahmen sie die Gelegenheit eines Treffens wahr. Vielleicht hatte ich hier einen neuen Zeugen von außerordentlicher Qualität. Ich musste es schaffen, mit ihm zu sprechen. Erst danach würde ich nach Mailand reisen.

Treffen mit dem »Tierfreund«

Leider musste ich noch etwas Geduld aufbringen, denn mein neuer Zeuge hatte eine Geheimnummer. Es war unmöglich, sie zu bekommen. Doch da hatte ein Freund aus Rom eine exzellente Idee, die nur einem erfahrenen Menschen einfallen kann. Man musste über jemanden, der Andreotti nahe stand und mir genügend Vertrauen schenkte, an die Nummer gelangen. Der geniale Gedanke war, Andreottis Beichtvater zu wählen. Es handelte sich um den in Rom auch als »Tierfreund« sehr bekannten Priester Monsignore Mario Canciani. Schon seit Jahren hielt er jeden Sonntag eine Messe, zu der die Menschen ihre tierischen Gefährten mitbringen konnten. Alle wurden zugelassen und von ihm gesegnet. Die Gläubigen kamen mit ihren Hunden, Katzen, Papageien, Schlangen, weißen Ratten, und so weiter. Ich kannte ihn persönlich aus einem anderen Grund. Pater Canciani hatte früher Forschungsarbeiten im Heiligen Land durchgeführt. Er hatte insbesondere ein Buch über die vermutliche Stätte des Speisesaals geschrieben, in dem Christus sein letztes Abendmahl abgehalten hat. Ich hatte diese Studie gelesen und sie, ehrlich gesagt, sehr interessant gefunden.

Ich rief Monsignore Canciani (Abb. links) sogleich an und erhielt ohne weiteres einen Termin bei ihm. Am Montag, dem 9. Februar 2004, setzte mich ein Taxi gegen 16 Uhr in der Umgebung der 2 Lungotevere dei Vallati ab. Ich war etwas zu früh dran, denn mein Treffen war erst um 16.30 Uhr. Wenn ich einen Treffpunkt nicht genau kenne, ziehe ich immer eine etwas frühere Ankunft vor. Das erlaubt mir, die Gegend auszukundschaften und sicher zu sein, mich nicht zu verspäten. Das Wetter war herrlich, und unter einem strahlend blauen Himmel lag schon eine beinahe frühlingshafte Milde. Ich spazierte am Ufer des Tiber entlang. Es wies einige Arkaden auf und neben der Nr. 2 befand sich eine Galerie mit asiatischen Einrichtungsobjekten von erlesener Schönheit, die ich ausgiebig bewunderte. Ich schlenderte auch über die Ponte Sisto, die direkt gegenüber Monsignore Cancianis Haus einmündete. Auf ihr hatten sich einige Afrikaner niedergelassen und ihre Teppiche ausgebreitet, um verschiedene Handwerksprodukte mehr oder weniger aus Ebenholz und Elfenbein anzubieten. Einige unter ihnen schienen aus dem französischsprachigen Afrika zu kommen, denn ihr Wortschatz überschritt merklich das, was zu wissen notwendig ist, um Kundschaft zu fesseln.

Zur verabredeten Zeit klingelte ich an Monsignore Cancianis Tür. Er öffnete selbst und empfing mich sehr freundlich in einem riesigen Salon, der mit einer Menge alter Möbel überfüllt war. Diese waren so angeordnet, dass sie mehrere Nischen bildeten, die zweifellos verschiedenen Zwecken dienten. Die Höhe der Decke war schwindelerregend, wie fast überall in Italien. Die Bretter des Parketts knarrten unter den Füßen und hatten die unangenehme Tendenz sich zu sperren, wenn ich meinen Sessel verschieben wollte. Die Fenster öffneten sich zum Tiber hin und ermöglichten den Blick auf den Janiculum-Hügel, auf dem sich sehr deutlich die Glockentürme zweier Kirchen abzeichneten. Monsignore Canciani erklärte mir, er hätte als Kanoniker der Kathedrale von Latran ein moderneres Appartement beziehen können. Aber warum sollte er auf diesen herrlichen Blick und seine alten Gewohnheiten verzichten? In einer Ecke des Salons stand sogar eine Orgel, und jetzt, im Ruhestand, hielt er oft die Messe für eine kleine Gruppe treuer Freunde.

Wir sprachen viel über Tiere und ihrer, zweifellos von der unseren verschiedenen Seele, der sicher auch ein ewiges Leben verheißen sei. In diesen Punkt stimmten wir vollständig überein. Ich erwähnte eine französische Freundin, die seit Jahren auf nationalem und internationalem Niveau gegen alle die Gräueltaten kämpft, die man »unseren Freunden, den Tieren« zu erleiden aufzwingt. Ich meinerseits erzählte meinem Gastgeber von meinem Interesse an seinen Forschungen über den genauen Ort des Abendmahlsaals und zeigte mich von seinen Argumenten ehrlich überzeugt. All dies war sehr interessant, aber anscheinend doch nicht geeignet, das anzusprechen, wozu ich die Reise nach Rom unternommen hatte. Um die Wahrheit zu sagen, wusste ich nicht genau, wie ich von Hund und Katze zu Giulio Andreotti übergehen sollte. Die Verbindung schien mir umso schwerer zu finden, als ich im Verlauf des Gespräches mehr und mehr von der spirituellen Qualität meines Gastgebers beeindruckt war. Er entwickelte soviel Güte und Liebe, dass ich mich schämte, ihm gegenüber eine solche List anzuwenden. Der Mann verdiente Besseres als das. Die Lektüre der Bücher, die er mir am Ende unserer Unterhaltung als Zeichen der Freundschaft überreichte, bestätigten mir dies später.

Irgendwann im Verlauf des Gesprächs, ich weiß nicht mehr, über welches Thema wir gerade redeten, wurde Monsignore Canciani dazu gelenkt, den Namen Giulio Andreotti, zu zitieren. Sofort, als wäre es das normalste der Welt, erklärte ich meinem Gastgeber, dass ich Herrn Andreotti wegen unserer gemeinsamen Freundschaft mit einem anderen Priester, dem Pater Ernetti, auch gern kennenlernen würde. So erhielt ich mühelos die begehrte Telefonnummer mit dem wertvollen Hinweis, nur gegen 11 Uhr morgens anzurufen, weil mir dann vermutlich seine Frau angeben würde, um welche Zeit anzurufen sei. Am nächsten Morgen, dem 10 Februar, tat ich, wie mir geraten worden war, und alles lief in der vorgesehenen Weise ab. Wie mir Frau Andreotti empfohlen hatte, rief ich gegen 13 Uhr wieder an. Am anderen Ende der Leitung hatte ich Herrn Andreotti und erhielt einen Termin noch am gleichen Nachmittag um 16 Uhr in seinem Büro im Senat.

Das Gipfeltreffen mit Giulio Andreotti

Kurz vor 16 Uhr befand ich mich in der Umgebung des Senats, Via della Dogana Vecchia. Während ich auf den Termin wartete, konnte ich die kürzlich renovierte Kirche Saint-Louis-des-Francais mit einem bewundernswerten Gemälde von Caravaggio wieder besuchen.
Als die Stunde gekommen war, meldete ich mich am Eingangsschalter. Wie es schien, war mein Besuch angemeldet. Ich brauchte nichts anderes zu tun, als meinen Personalausweis an der Tür zu hinterlegen und wurde eingeladen, zum Büro des Senators hinauf zu gehen. Auch hier handelte es sich um einen wahrhaften Palast. Diese Italiener können wirklich nichts anderes als Paläste bauen! Aus der Deckenhöhe von 7 bis 8 Metern hätte man unter den Gewölben mit Fresken im pompejischen Stil auf weißem Hintergrund zwei Etagen mehr machen können.

Nach einer kurzen Wartezeit mitten unter römischen Kaisern aus Marmor wurde ich zu Signor Andreotti (Abb. links) geführt.
Ich wusste, dass er mir wegen der aktuellen politischen Krise, in der sich Italien, wie gewöhnlich, befand, nur einige Augenblicke einräumen würde. Ohne große Vorrede begann ich zu erklären, dass mich hauptsächlich seine Freundschaftsbande zu Pater Ernetti interessierten. Da er ihn gut kenne, wie mir dessen Neffe Aprilio bestätigt habe, müsse Giulio Andreotti von den Arbeiten seines Freundes und insbesondere von dem berühmten Chronovisor gehört haben.
Ein kurzer Moment der Stille trat ein.
»Ich würde lieber über Pater Canciani sprechen«, antwortete mir Pater Ernettis enger Freund. Ich gebe die nachfolgenden Sätze hier nicht wieder. Sie bringen dem Leser nichts Neues. Ich versuchte noch zweimal, das Gespräch auf Pater Ernetti zu lenken. Doch jedes Mal wich der erlauchte Senator auf ein anderes Thema aus. Dies erinnerte mich an Kardinal Roncalli (der spätere Papst Johannes XXIII.) als er Nuntius in Paris war. Man

hatte ihn gefragt, ob es nicht schwierig sei, auf Empfängen, wo man ihn mit indiskreten Fragen bombardierte, gewisse Geheimnisse nicht zu behandeln. »Oh nein«, antwortete er, »es genügt, die ganze Zeit über zu reden, jedoch über andere Dinge«. So machte es der Politiker auch mit mir. Er schnitt fortlaufend mehrere neue Themen an, die mit Sicherheit niemals von jemandem behandelt worden waren, wie zum Beispiel den Vergleich der Stadtplanung von Rom und Paris. Nach 20 oder 25 Minuten ließ er mich höflich verstehen, dass seine Zeit zu seinem großen Bedauern gezählt sei, und mir blieb nichts anderes übrig, als meinen Abschied zu nehmen, indem ich mich für eine an neuen Informationen reiche Unterhaltung bedankte.

Was Sie vielleicht überrascht, ist meine Ansicht, trotzdem etwas Beträchtliches gelernt zu haben. Der Politiker hätte sich meinen ersten Worten sehr wohl durch vage Begriffe entziehen können, etwa dass Pater Ernetti ihm etwas erzählt habe, er aber nicht genau wisse, ob seine Forschungen zum Ziel geführt hätten. Oder er hätte auch, ohne seinen Freund vor mir als Narren oder Mythomanen hinzustellen, wie es Don Antonio aus dem Kloster Giorgio in Venedig getan hatte, sagen können, dass es sich um ein sehr geheimes Projekt handele und sein Benediktinerfreund selbst ihm keine Details über den Stand des Fortschritts seiner Arbeit geben wolle ... Nein! Andreotti hatte sich keiner dieser Ausflüchte bedient. Er hatte sich damit begnügt, höflich abzulehnen, darüber zu sprechen. Dieses ohrenbetäubende Schweigen wirkte auf mich wie ein Eingeständnis!

Die Ermittlung geht in Mailand weiter

Am Mittwoch, dem 11. Februar 2004, kam ich mit dem Zug in Mailand an. Ich stieg in einem Hotel in der Nähe des Bahnhofs ab und rief Edoardo Montolli , einen der Produzenten der Videokassette an, die ich in Riccione gesehen hatte. Unsere Unterhaltung dauerte nicht sehr lange, war aber trotzdem sehr nützlich. Er gab mir die Telefonnummern einiger Personen, die in dieser Reportage vorkamen. Er empfahl mir, sie anschließend persönlich aufzusuchen. Er erklärte mir auch genauer, dass einer der Zeugen, den man in diesem Film nur als schwarze Silhouette vor weißem Hintergrund sieht und mit verzerrter Stimme hört, Agent einer Detektei sei und wegen seiner Stellung anonym zu bleiben wünsche. Dank Montollis guter Dienste konnte ich sogleich Kontakt zu Frau Rudy Stauder aufnehmen, der Direktorin der Zeitschrift »Astra«, in der Pater Ernetti vier Artikel über die Magnetofonstimmen aus dem Jenseits und über den Chronovisor veröffentlicht hatte.

Die Frau war so freundlich, zu mir ins Hotel zu kommen, was ich sehr schätzte, denn die Reise begann, mich zu ermüden. Ich gehöre nicht mehr zu den Jüngsten!

Frau Stauder (Abb. links) erzählte mir, durch welche Umstände sie mit Pater Ernetti bekannt geworden war. Er hatte bereits in den 70er Jahren während eines Kongresses auf die Existenz des Chronovisors hingewiesen. Der erste Artikel zu diesem Thema wurde 1973 in »La Domenica del Corriere« publiziert. 1977 war die Zeitschrift »Astra« gegründet worden, und Frau Stauder schlug dem Direktor Giuseppe Botteri vor, einen Artikel über Pater Ernettis Forschungen zu verwirklichen. Sie hatte vom Chronovisor gehört, wusste jedoch nichts über die Person Pater Ernetti, nicht einmal, dass er Mönch war. Sie rief im Antoniano de Padova an, glaubend dort Pater Ernetti erreichen zu können. »Ah, der leicht verrückte Mönch aus San Giorgio?« antwortete man ihr. Letztendlich erreichte sie ihn wo anders und traf Pater Ernetti 1978 zum ersten Mal. Aber während der ganzen Unterhaltung beschränkte dieser sich auf eine langatmige Erklärung der Unterscheidung, die er zwischen dem »Paranormalen« innerhalb der Grenzen unserer materiellen Welt und der »Metaphysik« der Jenseitsdimensionen machte. Frau Stauder kam etwas enttäuscht zurück. Es gab nichts, worauf sie einen Artikel aufbauen konnte.

Etwas später, nach dem Wechsel der Direktion, öffnete sich die Zeitschrift, die sich zuvor ausschließlich der Astrologie gewidmet hatte, dem Paranormalen im Allgemeinen. Schon bald nach dem Erscheinen des dem Chronovisor zugeordneten Christusbildes und all den dadurch entstandenen Schwierigkeiten, entschloss sich Rudy Stauder erneut, Pater Ernetti zu kontaktieren, der sich zunächst weigerte. Dank ihrer Hartnäckigkeit akzeptierte er am Ende, an dem bereits genannten Kongress der »Astra« 1986 am Ufer des Gardasees teilzunehmen. Das Thema seines Vortrags lautete: »Theologie, Wissenschaft und Magie«. Gegen Ende seiner Ausführungen sprach er zum letzten Mal öffentlich über den Chronovisor.

1990 hat er dann noch mit einem Vortrag über »Die Transzendenz in der Bibel« am XIV. Kongress der »Astra« teilgenommen. Ich bin im Besitz des im Kongressbericht veröffentlichten Textes und ersehe daraus, dass er den Chronovisor nicht erwähnt hatte. Rudy Stauder gab mir noch einige wichtige Anhaltspunkte. Zur Ausübung seiner Tätigkeit als Exorzist, achtete Pater Ernetti in manchen Fällen darauf, überall erreichbar zu sein, sei es in seinem Kloster in Venedig, bei seiner Schwester und selbst im Vatikan, wo er ein Zimmer besaß. Sie war auch mehrfach Zeuge seiner echten medialen Gaben. Doch Pater Ernetti liebte es nicht, großes Aufheben darum zu machen.

Endlich versicherte mir Frau Stauder, dass Pater Ernetti ihr von der Tragödie Thyeste erzählt habe, die er wirklich gesehen hatte. Außerdem erwähnte er ihr gegenüber auch, die Kreuzigung Christi mit seinem Chronovisor empfangen zu haben. Er behauptete verbindlich, das veröffentlichte Christusbild sei nicht jenes gewesen, das er dem Journalisten Vincenzo Maddaloni gegeben hatte. Auf diese Weise begann sich das Rätsel zu lösen! Pater Ernetti hatte ihm zwar ein Bild gegeben, doch es war nicht jenes, das der Journalist veröffentlicht hatte. Wie Pater Ernetti Frau Stauder erklärte, war das vom Chronovisor stammende Bild sehr verschwommen. Das Gerät erlaubte nicht die Wiedergabe von Bildern, deren Qualität für die notwendige Vergrößerung ausgereicht hätte. All dies entspricht dem und vervollständigt das, was mir die Tochter von Mutter Speranzas Freundin erzählt hatte. Das wichtigste Argument zur Diskreditierung aller Arbeiten Pater Ernettis erwies sich auf diese Weise als haltlos. Übrigens hatte Maddaloni selbst seinen ungeschickten Verteidigungsversuch beendet, indem er zugab, das von ihm veröffentlichte Bild stamme nicht von Pater Ernetti, sondern von einem anonymen Informanten, dessen Name nicht nennen wolle. Warum hatte er dies nicht schon früher zugegeben, anstatt einen derartigen Verdacht auf Pater Ernetti ruhen zu lassen?

Die Episode des falschen Christusbildes war damit endgültig abgeschlossen. Bevor Rudy Stauder mich verließ, bestand sie im Interesse meiner Ermittlungen darauf, dass ich Frau Mary Falco kennenlernte, welche aber in Venedig lebte.

Meine Ermittlung führt mich nach Venedig

In Venedig sollte ich also Mary Falco kennenlernen, eine ehemalige Schülerin von Pater Ernetti. Wie sie sagte, wohne sie nicht in Venedig, sondern am Lido. Aus Mitleid mit meiner Müdigkeit kam sie mit einem ihrer Söhne in mein Hotel. Ich verdanke ihr weitere wertvolle Hinweise, die allerdings nicht unmittelbar den Chronovisor betrafen. Sie war augenscheinlich über Pater Ernettis Untersuchungen auf dem Laufenden gewesen, doch er persönlich hatte ihr nie davon erzählt. Dafür hat sie mir die Reaktionen meines Klosterfreundes angesichts zweier ganz gewöhnlicher Anlässe mitgeteilt, die seine außergewöhnliche spirituelle Qualifikation erahnen lassen. Ich weiß nicht, ob alle meine Leser ebenso empfänglich dafür sind wie ich. Aber mir genügen diese beiden Fälle, um jede Betrugshypothese zu verwerfen, und wenn Mary Falco sie mir erzählt hat, dann weil sie für sie denselben Wert hatten. Hier ihre erste Geschichte:

Sie hatte meinen Benediktinerfreund 1989 kennengelernt. Sie befand sich in einer familiär und beruflich unbefriedigenden Situation und verspürte ein Verlangen nach spirituellem Halt. Einem Aushang in der Kirche entnahm sie, dass Pater Ernetti jeweils am Sonntagmorgen eine Vortragsfolge über das Evangelium des Heiligen Johannes abhielt, und da San Giorgio Maggiore vom Lido aus leicht erreichbar war, entschloss sie sich, die Vorträge einmal anzuhören. Die meisten Vorträge für Erwachsene fanden abends statt, was ihr eine Teilnahme unmöglich machte. Doch sonntagmorgens konnten ihr Mann und die Kinder allein zurechtkommen. Eigentlich schätzte ihr Mann solche Vorträge nicht besonders, doch als er hörte, Pater Ernetti sei der Vortragende, zeigte er sich plötzlich begeistert. Er dachte, dass dieser schon berühmte Mönch seiner Frau helfen könne, eine gute Beschäftigung zu finden.

Am ersten Tag hatte sie zuvor noch einige dringende Angelegenheiten zu erledigen und kam verspätet und ganz verwirrt zu der kleinen Klosterpforte, die ich so gut kannte. Sie läutete. Zu ihrer großen Überraschung öffnete Pater Ernetti selbst. Da sie ihn zuvor nie persönlich gesehen hatte, konnte sie ihn jedoch nicht erkennen. Gewohnheitsmäßig glaubte sie, einen Mönch gestört zu haben und begann sogleich, sich in Entschuldigungen zu verwirren, um zu versuchen, den Grund ihrer Verspätung zu erklären. »Sie glauben also nicht, dass Gott Sie gesehen hat?«, fragte er sie lachend. Sie blieb sprachlos. Natürlich wollte sie sich nicht bei Gott entschuldigen, sondern ihm gegenüber. »Sehen Sie, ich sage es Ihnen sofort«, fuhr er während ihres verlegenen Schweigens fort, »wenn Sie nicht glauben, dass Gott Sie sehen kann, ist es zwecklos, zur Kirche zu kommen«. Ich habe oft über diese Antwort nachgedacht, fügte Mary Falco hinzu.

Ich erlaube mir, einige Aspekte dieser spontanen Reaktion meines Freundes hervorzuheben. Selbstverständlich wusste er recht gut, dass Mary Falcos Entschuldigungen an ihn gerichtet waren. Aber er zählte nicht. Ganz und gar nicht. Diese so unmittelbare Reaktion ist keineswegs die Folge einer Überlegung. So etwas setzt nur jemand voraus, der unaufhörlich unter dem Blick Gottes lebt; jemand, der niemals allein ist und den man niemals unter vier Augen kennenlernt, weil Gott immer anwesend ist. Pater Ernetti war sich dessen wie selbstverständlich immer bewusst. Es war zur Grundlage seines Lebens geworden. Ich weiß nicht, ob der Leser ermessen kann, was dies alles beinhaltet. Ein solches Verhalten setzt eine psychologische, affektive, spirituelle Einübung voraus, die ein Leben lang anhält.

Übrigens lehrte er genau dies. Mary Falco hat mir das Wesentliche erst mündlich, dann schriftlich geliefert. Ich zitiere:
»Wir sollten Seine Gebote genau befolgen«, sagte er, »aber nicht um jeden Preis, dazu sind wir nicht fähig. Man muss vielmehr das Vorbild Christi so vollständig verinnerlichen, dass man es widerspiegeln kann. Jeder von uns besitzt seine eigene Art und Weise dieser Spiegelung, die weniger durch rationale Anstrengung, als durch die völlige Versenkung in das Heilige zustande kommt. Alle Frömmigkeit und Gebete sind gut, gleichzeitig jedoch begrenzt. Wir müssen nicht glauben, dass wir das Heil in Armut, in der Keuschheit, im Gebet oder im Aufsagen des Rosenkranzes finden, erklärte er, denn dann wird jede dieser Praktiken zu einer Art Idol; aber wir müssen sie insgesamt benutzen, um vollständig in Gott einzutauchen!«

Er machte darauf aufmerksam, dass gute Taten stets ein ausgeprägtes Engagement voraussetzen, und infolgedessen immer kritisiert werden können, oder ihren Lohn in sich selbst enthalten. Aus diesem Grund empfahl er, mit den einfachsten und wenig bedeutenden Gesten zu beginnen, wie etwa einen Rosenkranz griffbereit zu halten und ihn beim Gehen oder etwa beim Erwarten eines Vaporetto zu beten. Oder auch jeden Tag einen Bibelvers zu lernen, um ihn in Zeiten des Leerlaufs wiederholen zu können, ohne für eine richtige Meditation innehalten zu müssen.

So wird Gott nach und nach ganz natürlich unser Meister. Damit diese Gesten jedoch nicht so weit automatisch ablaufen, dass sie keiner inneren persönlichen Beteiligung mehr entsprechen, sollten sie mit dem Herzen ausgeführt werden. »Man soll sich in Gott verlieben«, wiederholte er oft. Die Richtigkeit seiner Worte zeugt von hoher Spiritualität, daran gibt es keine Zweifel.

Auch der zweite Vorfall ist anscheinend relativ harmlos. Mary Falco befand sich in einer schwierigen Lage. Sie hatte studiert, aber wie es oft geschieht, wollte niemand sie einstellen, weil man aufgrund ihrer Diplome befürchtete, einen zu hohen Lohn zahlen zu müssen. Sie wandte sich an Pater Ernetti, und damit haben wir noch ein weiteres Beispiel seiner persönlichen Einstellung. »Du musst einem vielgestaltigen Weg folgen«, sagte er ihr. »Gehe jeden möglichen Schritt, um eine ehrbare Stelle zu finden: Auswahlverfahren, Anfragen und Anmeldungen zu Prüfungen, aber nimm niemals Empfehlungen an oder erbitte sie. Du wirst sehen, dass Gott dir nach und nach helfen wird, den richtigen Weg zu finden«.
Hier enthüllt sich ein moralischer Anspruch absoluter Strenge, weit entfernt von all den kleinen Geschichten des »spirituellen Sohnes«, die erfunden wurden, um Pater Ernetti zu diskreditieren.

Die Videokassette

Ende des Sommers 2002 plante die Direktorin der Revue »Astra«, Rudy Stauder, eine Videokassette über Pater Ernettis Leben zu realisieren. Mary Falco, die am Lido von Venedig wohnte und Pater Ernetti seit Jahren gut gekannt hatte, stand noch immer in Kontakt mit einigen Mönchen. Ihr Sohn Andrea verdiente sich während seiner Studienzeit an einigen Tagen etwas Geld mit dem Betrieb des Aufzuges im Glockenturm der Abtei. Mary hatte unter anderem schon mit Frau Stauder an einigen Artikeln für deren Zeitschrift zusammengearbeitet, insbesondere über Pater Ernetti. Sie wurde aus diesem Grund damit beauftragt, die Mönche des Klosters von San Giorgio Maggiore zu kontaktieren und ihre Mitarbeit zu erbitten. Anfangs waren sie einverstanden, doch dann lehnten sie ab. Don Antonio Mistrorigo gab später zu, der Grund dieser Weigerung sei die Befürchtung gewesen, das Problem des Chronovisors in Erinnerung zu bringen.

Dank anderer Zeugen wurde der Videofilm trotzdem verwirklicht. Frau Falco hielt es für taktvoll, ihn Pater Mistrorigo zunächst allein vorzuführen. Doch als er die Kassette in seinen Videorekorder schob, verklemmte sie sich im Gerät. Es war weder möglich, sie abzuspielen, noch sie herauszunehmen. Man rief Marys Sohn Andrea Falco, der gerade am Aufzug arbeitete, um die Kassette wieder heraus zu bekommen, was er nur dadurch bewerkstelligen konnte, dass er den Rekorder auseinandernahm. Man brachte die Kassette zu Frau Falco zurück, sie war vollkommen in Ordnung, und das Video ließ sich anschauen, ohne Widerstand zu leisten. Don Antonio hat die Aufzeichnung bis heute nicht gesehen!

Ich muss hinzufügen, dass das Phänomen blockierter Audio- und Videokassetten bei manchen Beobachtern, die sich mit der Instrumentellen Transkommunikation ITK beschäftigen, bekannt ist. Ich meinerseits zögere nicht, darin einen liebenswürdigen Streich von Pater Ernetti zu sehen, ein kleines Zeichen, um zu zeigen, dass er sehr gut gehört hatte, was Don Antonio mir über ihn gesagt hatte.

Ich habe die Kassette gesehen. Sie handelt nur vom Chronovisor und enthält die Zeugenaussagen mehrerer Menschen, die ich persönlich getroffen habe. Ich werde sie hier nicht wieder aufgreifen. Doch sie enthält auch andere sehr interessante Zeugnisse. Ein Qumran-Spezialist erklärt darin, dass er Pater Ernettis Namen in keinem der Werke verzeichnet gefunden habe, die den berühmten Höhlen gewidmet sind, was nach dem, was mir mein Benediktinerfreund selbst gesagt hatte, nicht erstaunlich ist.

Viel interessanter ist die Aussage des Dominikanerpaters Moreno Fiori, eines Exorzisten aus Rom. Als man ihn über die Existenz des

Chronovisors befragte, gab er zu, von den Arbeiten des Pater Ernetti gehört zu haben, äußerte sich aber nicht über ihren wirklichen Erfolg. Ein Beweis mehr dafür, dass man von der Existenz des Chronovisors in den Kreisen der Kirche wusste. Wenn der alte Bischof aus Treviso, Monsignore Mistrorigo, mich glauben lassen möchte, dass er nicht auf dem Laufenden sei, belügt er mich. Auf wessen Anordnung? Nach dem, was auf dieser Kassette gesagt wird, scheint das absolute Schweigegebot direkt aus dem Vatikan gekommen zu sein.

Aber noch ein anderer Zeuge erscheint und lässt einem einen Schauer über den Rücken laufen. Man befindet sich mitten in einem Spionagefilm, fast wie bei James Bond. Man sieht nur eine vollkommen schwarze Silhouette auf weißem Hintergrund. Unmöglich, auch nur den geringsten Gesichtszug zu erkennen. Die Stimme ist sehr tief, verzerrt, hohl klingend, was sie schwer verständlich macht. Es handelt sich bei dieser Person um einen Agenten der italienischen Nationalen Sicherheitsbehörde. Er bestätigt, dass sich die Amerikaner in der Tat für diese Entdeckung interessierten, was an sich schon sehr wichtig ist, und präzisiert, dass man an hoher Stelle sogar erwogen habe, ob die nationale Sicherheit auf dem Spiel stand, daher sein persönlicher Auftrag. Ein weiterer Beweis, dass Pater Ernetti nichts übertrieben hatte.

Die Geschichte der Kassette ging jedoch noch weiter. Einer der Mönche von San Giorgio Maggiore, Don Francesco Bertocchi, wurde in das Kloster von Subiaco versetzt. Mary Falco, die ihn gut kannte, besuchte ihn dort, um ihm die Videokassette zu zeigen. Der Priester und Abt von Subiaco, Don Stanislao Andreotti, sah sie und interessierte sich sehr für die Entdeckung, wie sie mir sagte. Er selbst wollte mit seinen Mönchen die gesamte Geschichte der Forschungen Pater Ernettis aufgreifen. Unglücklicherweise machte er am 16. Oktober 2003 seine Ansprüche auf das ewige Leben geltend und verließ diese Welt für immer.

Sein Nachfolger wollte vom Chronovisor nichts hören.

Kapitel XIII

Ernst Senkowski: Einführung zum Transdialog mit *Pater Ernetti*

Da unser Autor Père Brune sich ernsthaft mit der Problematik der medialen Phänomene beschäftigt und seriöse Medien besucht hat, erschien es ihm sinnvoll, die entsprechenden Ausführungen durch einen Transdialog zu ergänzen, dessen jenseitiger Partner als der verstorbene Entdecker des Chronovisors erschien.

Karin Schnittger vermittelt seit 2000 als nicht-professionelles Halbtrance-Sprech-Medium im kleinsten Kreis flüssige Dialoge mit einer Gruppe ehemaliger Philosophen, Wissenschaftler und Literaten, die unter der Leitung der Transwesenheit *Claudius* versuchen, unsere geistige Entwicklung zu fördern. Ausgewählte Themen werden fortlaufend ins Internet gestellt und sind unter www.claudius-portal.de zugänglich.

Das Jenseits interveniert

Am 2. März 2002 nahm mein Freund Ernst Senkowski an einer medialen Sitzung teil, in deren Verlauf sich eine Wesenheit meldete, die sich als der verstorbene Pater Ernetti vorstellte. Ich denke, der Leser kennt meine Enttäuschungen mit Medien und wird meine Vorsicht unschwer verstehen. Dieser Kontakt erscheint mir jedoch interessant genug, um ihn an dieser Stelle einzufügen.

Bevor sie den Kontakt mit dem Jenseits aufnahmen, hatten die Anwesenden bereits unter sich das Problem des Chronovisors diskutiert. Nachdem die Verbindung mit ihrem gewohnten jenseitigen Gesprächspartner hergestellt worden war, erklärte er ihnen, dass die Angehörigen seiner Gruppe in ihrer Welt der Diskussion auf der Erde zugehört hätten, und dass »sie« bereit seien, die Fragen zu beantworten. Binnen Kurzem schlug der leitende Kommunikator vor, sich direkt an *Pater Ernetti* zu wenden, der sich ihrer Gruppe angeschlossen hätte. Ich übernehme hier nur das Wichtigste des Dialoges und füge im Anschluss daran meine Kommentare hinzu.

Senkowski: Ich wende mich an Sie, lieber Pater Ernetti, und hoffe, dass sie sich erinnern können an unser Treffen in Venedig im Beisein von Frau Ursi, die es damals vermittelt hat. Ich glaube, es ist sinnlos zu fragen, nach all dem, was ich denke und glaube und wovon ich überzeugt bin, ob dieses Gerät wirklich existiert hat.

Ernetti: *Ich würde sagen, meine lieben Freunde, zunächst einmal freue ich mich, in dieser Runde sprechen zu können. Es lag bereits – wie sie sagen – »in der Luft«, denn ich habe selbstverständlich die Gedanken aufgefangen, die in Ihrem Kopf sich bewegten, schon bevor Sie heute hierher kamen, lieber Ernst, und mir war eigentlich schon klar, dass wir heute miteinander reden. Nun hat es sich ergeben, und wir sollten ganz einfach sehr ungezwungen und ganz leger miteinander umgehen. Es kommt nicht oft vor, dass ich mich vermitteln kann, weil die Gelegenheit sehr rar ist. Nun zu diesem Gerät. Selbstverständlich hat dieses Gerät funktioniert. Es war für uns alle ein kleines bzw. großes Wunder. Aber, Sie müssen sich vorstellen, dieses Gerät bestand in unseren Gedanken schon lange, und dann haben wir uns zusammengetan und alle Informationen in einen Topf geworfen und dieses Gerät kam zustande.*

Im Falle, dass dieses Gerät nicht materiell zustande gekommen wäre, hätte es andere Möglichkeiten gegeben, diese Dinge, die wir aufgezeichnet haben, aufzuzeichnen. Das Gerät mutet in der Beschreibung wahrscheinlich etwas altmodisch an, denn Sie haben heute ganz andere Mittel (Computer, Telefon), um mit der jenseitigen Welt in Verbindung zu treten, aber die Dinge, die wir aufgezeichnet haben, waren nicht nur eine Verbindung mit der jenseitigen Welt, sondern wir sind in die sogenannte Vergangenheit eingetaucht, die selbstverständlich, wie Sie wissen, keine Vergangenheit ist. Aber für die Menschen, die zunächst davon gehört haben, war es, als ob wir einen Sprung zurück in die Vergangenheit getan hätten. All diese Gegebenheiten sind latent greifbar, jederzeit vorhanden und können mit der richtigen Einstellung abgerufen werden.

Dieses Gerät besteht in der Form, wie es war, nicht mehr. Es wurden bestimmte Teile herausgenommen, damit es nicht mehr funktioniert, und es ist im Gewahrsam von Menschen, die es als Gefahr sehen, als Gefahr selbstverständlich für den Bestand der katholischen Kirche. Und wenn dieses Gerät heute noch betrieben würde in Verbindung mit dem Wissen, das Sie inzwischen gesammelt haben, und hier spreche ich auch das Thema Parallelwelten an, dann wäre die Kirche in großer Erklärungsnot. Und aus diesem Grunde durfte und darf dieses Gerät nicht mehr funktionieren.

Senkowski: Ja, lieber Pater Ernetti, das ist für uns bzw. für mich einsichtig, und es ist auch viel darüber diskutiert worden. Ich entnehme ihren Worten indirekt, dass Pater François Brune, den Sie ja mehrere Male getroffen haben, den Eindruck hatte, dass seitens der Kirche vieles unternommen wurde, um die Ungewissheit über die Existenz und Nichtexistenz des Gerätes zu fördern. Können Sie das bestätigen?

Ernetti: *Ja, ja – ja! Es gab große Befürworter, aber diese sind überstimmt worden von denen, die ihre Machtposition innerhalb der katholischen Kirche nicht aufgeben wollten. Man konnte zunächst nicht leugnen, dass dieses Gerät existierte, weil es zu viele Menschen gesehen hatten, aber man konnte die Informationen und Aussagen dann so verwischen, indem gegensätzliche Dinge behauptet wurden, sodass die Menschen, welche die Wahrheit gesagt haben, im Prinzip verunglimpft worden sind, wie auch in meinem Fall.*

Senkowski: Ich habe jetzt, um aus diesem – sagen wir mal – religiösen oder soziologischen Bereich herauszugehen, eine mehr technische oder wissenschaftliche Frage. Ich persönlich habe mich immer etwas gestört an dieser Vorstellung, die Sie als Art von Erklärung der Funktionsweise gegeben haben, nämlich die einer Doppelspur von Ton und Licht oder Ton und Bild, die um die Erde herum anzutreffen oder angeordnet sei. Diese Vorstellung kann ich persönlich nicht übernehmen, und das habe ich auch in meinem Buch geschrieben. Ich kann mir eher vorstellen, dass es eine Art Hilfe ist, eine Art Krückstock, etwas begreiflich zu machen, was im Grunde in einem jenseitigen, geistigen Bereich angesiedelt ist und nicht physikalisch mit diesen Begriffen beschrieben werden kann.

Ernetti: *Sie haben Recht. Das ist ein Krückstock gewesen. Es ist das allgemeine – wie sie es nennen – Informationsfeld, aus dem diese Informationen im Prinzip abgerufen und in die Tat umgesetzt werden können. Es ist eine Interaktion. Und dann wiederum selbstverständlich waren wir in Verbindung mit geistigen Kräften, die ums beim Zustandekommen der Geschehnisse, der Aufzeichnungen geholfen haben, aber die hauptsächliche Steuerung, die Kraft dazu, hat etwas mit der Interaktion unseres Geistes mit dem allgemeinen Informationsfeld zu tun. Es ist sehr schwer zu erklären.*

Senkowski: Ich glaube, ich kann das nachvollziehen, weil meine nächste Frage, die Sie damit schon beantwortet haben, gelautet hätte, ob die Psyche der lebenden Experimentatoren, also Ihrer Gruppe, die menschliche Psyche gekoppelt natürlich an das Geistige, dazu beigetragen hat, das Ganze zu entwickeln und zu bestätigen?

Ernetti: Es war ein geschlossener Kreis, es war einmal die Psyche der irdischen Bewohner, der Lebenden von Ihrer Seite aus, die Information aus dem Informationsfeld, der Austausch, und an der dritten Stelle die geistigen Helfer, mit denen wir damals in Verbindung standen. Es ist eine Dreierfunktion, und wenn der Mensch offen ist und die Antennen entsprechend ausfährt, ist er imstande, enorme Dinge zu bewerkstelligen. Dieses Gerät hat funktioniert, weil das geistige Zusammenspiel funktioniert hat. Es war nicht das Gerät selbst maßgebend, sondern dieses war nur ein Ausdruck, ein Hilfsmittel. Man hätte dieses Gerät im Prinzip eigentlich gar nicht gebraucht, und diese Aufzeichnungen wären auch ohne es zustande gekommen.

Senkowski: In welcher Form wären sie zustande gekommen?

Ernetti: Es ist eine Hypothese, was die Notwendigkeit des Geräts betrifft, wie soll ich sagen, es wäre ein Gerät nicht notwendig gewesen, man hätte eintauchen können wie in einem Film, wenn der Mensch offener gewesen wäre, wenn er geistig offener wäre für diese Dinge, aber dieses Gerät war als Medium notwendig.

Senkowski: Zur Dokumentation gewissermaßen.

Ernetti: Ja, zur Dokumentation.

Ein anderer Teilnehmer der irdischen Gruppe unterbricht und kommt zu einem wichtigen Punkt:

Walter: Waren aus Ihrer jetzigen Sicht die technischen Hilfsmittel, die Sie benutzt haben, um diesen Chronovisor zu bauen, eigentlich materiell erforderlich, oder war es mehr ein Hilfsmittel?

Ernetti: Es war ein Hilfsmittel, wie ich vorhin versucht habe mit vielleicht nicht den richtigen Worten zu erklären. Es war ein Hilfsmittel, es musste ein Medium geschaffen werden. Wir hätten es prinzipiell mit Geisteskraft auch ohne Gerät bewerkstelligen können, in einer Art – wie Sie sagen würden – Vision vielleicht. Aber dann hätten wir möglicherweise nur selbst Einblick haben können. Mit einem technischen Gerät ist es leichter, Nichtgläubige oder nur Halbgläubige zu überzeugen.

Walter: Das kann man nachvollziehen. Aber gibt es überhaupt – das ist eine schwierige Frage, und ich habe schon Schwierigkeiten, sie zu formulieren – eine Wahrheit und eine Vergangenheit, oder ist das ein Eintauchen in eine der unendlich vielen Wirklichkeiten, die es gibt, wenn man mit dem Chronovisor arbeitet?

Ernetti: Es ist eine Möglichkeit. Dieser Chronovisor ist in vielen, unendlich vielen Formen vorhanden.

Walter: Ja, das hatte ich im Kopf

Ernetti: Es ist für uns zu dem Zeitpunkt, als wir mit dem Gerät gearbeitet haben, unsere Wirklichkeit gewesen, aber auch uns war damals schon bewusst, dass wir nur einen winzig kleinen Teil, eine Art Wahrscheinlichkeit von vielen Wahrscheinlichkeiten auf der Erde darstellen. Mir ist jetzt bewusst, dass dieses Gerät noch viele weitere Male gebaut wurde, und dass es auch jetzt teilweise noch in Betrieb ist, nur hier bei Ihnen ist es in Teile zerlegt.

Hierzu mache ich nur wenige Kommentare:
Da ich die Notwendigkeit unterstelle, möchte ich nochmals auf der Tatsache bestehen, dass Pater Ernetti tief gläubig war, genauer, ein gläubiger Christ. Nach allem, was er mir über die durch den Chronovisor erhaltenen Bildfolgen sagte, hatte er nichts gesehen, was seinen christlichen Glauben in Frage gestellt hätte. Ich glaube nicht, dass er diese Überzeugung hätte ändern können, und Natuzza Evolos Bemerkung über das spirituelle Niveau, das er im Jenseits erreicht hätte, würde eher in diese Richtung gehen, ohne die

wohl ihr Schutzengel, wie mir scheint, die Informationen nicht mit der tatsächlichen Treffsicherheit begleitet hätte.

Für die Kirche aber ist das Problem keineswegs dasselbe. Pater Ernetti war sich ihrer Schwächen vollständig bewusst. Wir haben oft darüber gesprochen. Er wusste, wie weit die Kräfte des Bösen, denen er oft persönlich gegenübergestanden hatte, selbst die Kirche unterwandert hatten. Dennoch würde nichts, was diesen Punkt oder diese Aussagen betrifft, ausreichen, mich an ihrer Herkunft zweifeln zu lassen. Der Hinweis auf die Parallelwelten verwundert mich nicht. Pater Ernetti wusste vollkommen Bescheid über alle wissenschaftlichen Hypothesen in diesem Bereich und betrachtete sie mit weit offenem Geist. Aber ich sehe in der Existenz dieser Welten überhaupt keinen Grund für die Kirche, sich rechtfertigen zu müssen. Ich erinnere daran, dass der Dämonologe Monsignore Balducci von der Existenz Außerirdischer überzeugt war und darin keine Schwierigkeit in Bezug auf seinen christlichen Glauben oder die Kirche sah. Aber für mich gab es keinen Zweifel daran, dass in der Kirche auf höchster Ebene der Wille vorhanden war, über den Chronovisor Stillschweigen zu bewahren. Dass im Gegensatz dazu aber andere Angehörige der Kirche für gewisse Dinge offen sind, zeigt, dass man nichts vereinfachen darf.

Die Mitarbeit jenseitiger Entitäten an der Konstruktion des Chronovisors scheint mir viel erstaunlicher. Pater Ernetti hatte mir gegenüber nichts von ihrer Hilfe erwähnt. Er glaubte selbstverständlich an die Existenz von Heiligen und auch an das Leben der Verstorbenen in einer anderen Dimension, die wir das Jenseits nennen, aber er war sich auch der extremen Komplexität dieser anderen Welten bewusst und zeigte sich was diesen Bereich betrifft, sehr vorsichtig. Er war tief spirituell. Ich glaube, wenn die Verbindung mit solchen Entitäten aus dem Jenseits so eine große Rolle gespielt hätte, würde er mir sicher davon erzählt haben. Im Gegenteil, er bestand darauf, woran mich auch sein Neffe erinnert hatte, dass der Charakter dieser Erfindung rein wissenschaftlich und die Funktion des Chronovisors völlig unabhängig von der Anwesenheit eines Mediums war.

Die Vorstellung, spirituell offene Menschen könnten Bilder und Töne der Vergangenheit wahrnehmen, ohne eines Gerätes zu bedürfen, erinnert mich an die Aussagen von Pierre Monnier. Sie gehen in diese Richtung, obwohl er eher von einer Wahrnehmung des Jenseits als von einer Wahrnehmung der Vergangenheit oder Zukunft spricht.

Wenn uns schließlich dieser »Pater Ernetti« versichert, dass es schon zahlreiche Chronovisoren gab, muss man sich im Klaren darüber sein, dass diese Aussage in der Sichtweise paralleler Welten liegt. Ich bleibe dennoch sehr skeptisch hinsichtlich der Identität dieser Persönlichkeit. So interessant mir seine Rede über den Chronovisor erscheint, so sehr bezweifle ich, dass es sich wahrhaft um Pater Ernetti handelt. Wenn er wirklich in seiner spirituellen Entwicklung so fortgeschritten ist, wie es Natuzza Evolos Schutzengel bestätigte, glaube ich nicht, dass er fortfährt, sich in dieser Weise mit unserer Welt zu beschäftigen. Sicherlich stehen ihm andere Möglichkeiten zur Verfügung, um »Gutes auf der Erde« zu vollbringen, wie die Heilige Thérèse von Lisieux in dem Moment versprach, als sie die Erde verließ.

Schlussfolgerung

Der Tod ist nicht endgültig

Unser Zeitalter wird zweifellos wahrscheinlich sehr schnell die vollständigen Umwandlungen unseres Darstellungsmusters des Universums erkennen. Unsere Horizonte sind dabei, sich zu erweitern. Stärke wird notwendig sein, sich damit abzufinden. Manche werden angesichts dieser neuen Perspektiven gewiss den Kopf verlieren, sie werden das Gefühl haben, zu ersticken, wie in sehr großer Höhe. Andere werden im Gegensatz dazu ein Gefühl der Befreiung empfinden - endlich frei atmen zu können und die notwendige Anpassung unter besseren möglichen Bedingungen verwirklichen. Es ist mit Sicherheit nicht zu früh, uns darauf vorzubereiten. Pater Borello fragte sich, ob das, was er zu entdecken wagte, seinen Glauben bestärken oder ihn in Gefahr bringen würde. Ich bleibe der Ansicht, dass derjenige, der welchen Glauben auch immer besitzt, von der Wahrheit nichts zu befürchten hat.

Schon räumen unsere Wissenschaftler ein, der Tod müsse nicht endgültig sein, auch wenn es ihnen schwer fällt. Für sie ist die Nichtumkehrbarkeit eines der wesentlichen Kennzeichen des Todeskonzeptes. Es gibt jedoch echte Überlebende des Todes, die wirklich die wesentlichen Stufen des Großen Durchgangs überschritten haben, bevor sie zurückkehrten, oder, besser gesagt, zu uns zurück geschickt wurden. Die Forschungsarbeiten vervielfältigen sich, die reduktionistischen Theorien werden, eine nach der anderen, in sorgfältigen Untersuchungen auseinandergenommen, die Zeugenaussagen von Blinden, die ihre Sehfähigkeit wiederfinden, werden zum Gegenstand strenger Untersuchungsregeln, aber es nützt alles nichts. Die überwältigende Mehrzahl der Mediziner weigert sich, die Arbeiten ihrer Kollegen zu berücksichtigen. Die Idee, es gäbe einen vorläufigen Tod der Person - während der endgültige Tod der Zellen noch nicht vollendet ist - erschüttert zumindest im Westen die traditionellen Lehren zu sehr. Um die Vorstellung vom vorläufigen Tod zuzulassen, muss man zuerst den Begriff einer spirituellen Seele akzeptieren, wie es der Nobelpreisträger und Mediziner John Eccles tut. Ich erinnere mich noch an die wutschnaubende Verachtung, mit der ein anderer »Wissenschaftler« während eines Kolloquiums bei der Unesco über seinen Kollegen sprach. Aber jene, die eine solche Nahtod-Erfahrung erlebten, haben nicht halluziniert. Trotz des fantastischen Schocks, den solch eine Erfahrung mit sich bringt, haben sie ihre volle Urteilskraft bewahrt. Ihr Leben wurde völlig durcheinandergebracht, aber das diente dazu, es durch einen neuen Sinn besser zu gestalten, der reicher war, als das, was sie bisher erlebt hatten.

Die Menschheit hat Mühe, die Kommunikation mit den Verstorbenen, die in anderen Dimensionen leben, nach und nach anzunehmen. Die Widerstände der Rationalisten sind sehr aufschlussreich. In zahlreichen Fernsehsendungen sieht man sie angesichts der Vorstellung, dass solche Phänomene echt sein könnten, häufig regelrecht in eine Art Trance fallen. Sie verlieren sämtliche Kontrolle, respektieren nicht einmal mehr die Höflichkeitsregeln, werden aggressiv und wirken gleichzeitig ziemlich lächerlich. Aber ihre Haltung verrät ein tief verwurzeltes Unbehagen. Es ist ohne Zweifel die Furcht davor, dass etwas völlig Neues und Unbekanntes in ihre Welt einbricht. Es ist eine wirklich metaphysische Angst. Und doch verbreitet sich diese fantastische Entdeckung allmählich, trotz des Zögerns der offiziellen Wissenschaftler, über die ganze Welt. In der katholischen Kirche beginnen manche, wie Pater Gino Concetti, ein regelmäßiger theologischer Mitarbeiter der päpstlichen Zeitschrift »L'Osservatore Romano«, der im November 1996 vor der italienischen Presse eine sehr außergewöhnliche Erklärung abgab, die Kommunikation mit dem Jenseits positiver zu betrachten. All dies verändert nach und nach die Welt, indem es das Leben der Einzelnen, welche die Erfahrung dieser Kontakte machten, verändert. Die von Dr. Melvin Morse durchgeführte Umfrage ist in dieser Hinsicht sehr aufschlussreich. Nachdem er die Bezeugungen einer Anzahl von Kindern, die den Tod überlebten, gesammelt hatte, suchte er sie Jahre nach ihrer Nahtod-Erfahrung wieder auf, um zu sehen, wie sie sich entwickelt hatten. Ihre Werteskala war ganz und gar nicht mehr dieselbe wie vor der Nahtod-Erfahrung. Sie waren nicht mehr in den Grenzen dieser Welt gefangen.

Zweifellos wird die Menschheit bald noch eine ganz andere Herausforderung annehmen müssen: die Anwesenheit von und den Kontakt mit anderen intelligenten Wesen anderer Welten oder Dimensionen. Aufgrund seines engstirnigen, oft fanatischen Rationalismus, macht Frankreich auf diesem Gebiet den Eindruck einer überfälligen Ausnahme. Dennoch haben sich seit einigen Jahren Generale, Astrophysiker und Piloten von Privat- und Militärflugzeugen entschlossen für die Anerkennung des Phänomens eingesetzt. Keinerlei Echo davon in den Medien! Absolutes Schweigen in Presse, Radio und Fernsehen. In den meisten anderen Ländern, und besonders in den Vereinigten Staaten, erkennen die Wissenschaftler heute ganz offen an, dass man dieses Problem nicht mehr leugnen kann. Im Übrigen scheint es eine gezielte Politik langsamer Vorbereitung der Welt auf diese Wirklichkeit zu geben. Selbst die Kirche beginnt die Angelegenheit immer ernster zu nehmen, eine gewisse Reflexion zu diesem Thema beginnt, sich abzuzeichnen.

Monsignore Corrado Balducci, einst Theologe und Dämonologe in Rom, bekannte, dass die Existenz von Wesen aus dem Weltraum nicht mehr zu leugnen sei. 1999, während des alljährigen Ufo-Kongresses in San Marino, lud er alle Gläubigen ein, in der Entdeckung dieser bewohnten Welten einen Grund mehr zur Bewunderung der Unermesslichkeit der Schöpfung und der Macht des Schöpfers zu sehen. Er ergänzte, dass wir keinen Grund hätten, unsere außerirdischen Brüder zu fürchten, denn sie könnten weder dümmer noch bösartiger sein als die Menschen. Natürlich ist es erlaubt, ihm in diesem Punkt nicht unbedingt zuzustimmen, denn »genauso dumm« und »genau so bösartig« würde bereits ausreichen, uns in Furcht und Schrecken zu versetzen. Außerdem geben tatsächlich einige, leider unbestreitbare Zeugenaussagen ernsthaften Grund zur Beunruhigung.

Noch ein anderer Umbruch erwartet uns. Das, was Pater Ernetti mir erzählt und beschrieben hat, ist mit Sicherheit wahr. All jene, die mir ihre tiefe Achtung ihm gegenüber bekundeten, haben sich nicht getäuscht. Natuzza Evolo, die Mystikerin aus Paravati, wurde nicht von ihrem Schutzengel betrogen. Der Gottesmann und Mönch Pellegrino Ernetti war aufrichtig und nicht verrückt. Die Autoritäten, die sich jeder Verbreitung seiner Entdeckung widersetzen, indem sie ihn in Misskredit bringen wollen, scheitern mit der unfreiwilligen Anerkennung, es habe da wirklich etwas gegeben. Diese Erfindung würde zweifellos der Fülle der von Spaßvögeln ausgedachten, sogenannten Offenbarungen über das »wahre« Leben Christi ein Ende setzen. Es ist aber auch wahr, dass die Verbreitung der Ergebnisse des Chronovisors in Dokumenten unausweichlich die Veröffentlichung der Pläne des Gerätes nach sich ziehen und eine schmerzhafte Neufassung der Vergangenheit der Menschheit bewirken würde, beginnend mit der Kirche selbst. Die Menschheit ist sicher für eine solche Revolution nicht bereit. Augenscheinlich verbirgt man deswegen diese fantastische Erfindung vor uns, wie vieles andere auch! Und dennoch! Sie wird eines Tages wieder erscheinen. Alle von unseren modernen Wissenschaftlern ausgearbeiteten Weltbilder beinhalten die Vorstellung, dass weder die Vergangenheit wirklich vergangen noch die Zukunft nicht existent sei.

»Die verschiedenen Energien, wie die des Lichts und des Schalls«, sagt uns David Bohm, »verhüllen ständig Information, welche die Gesamtheit des Universums in jedem Bereich des Raumes betrifft«. Die Information ist überall vorhanden, im Licht und im Ton, aber sie tritt nicht in Erscheinung. Es wird jedoch weder mit unseren derzeitigen Geräten noch auf der Grundlage der derzeitigen wissenschaftlichen Kenntnisse möglich sein, sie aus dem Schatten zu ziehen. Auch Professor Senkowski besteht darauf. Einstweilen sind nur die Medien, die Sensitiven, vorübergehend imstande, diese unbekannten Wellen zu erfassen; und das auch nur mit einer breiten Spanne an Unsicherheit. Allerdings gelingt es einigen unserer Geräten der Instrumentellen Transkommunikation bereits, Bilder und Töne zu empfangen, die aus anderen Dimensionen stammen. Unsere heutige Wissenschaft kann uns nicht sagen, woher sie kommen, noch wie sie angekommen sind. Aber, wie bei allen paranormalen Phänomenen, die in Labors erforscht werden, hängt die Funktion dieser Geräte weitgehend von der Anwesenheit medial begabter Menschen ab. Funktionierte Pater Ernettis Chronovisor auch in dieser Weise? Er hat es immer verneint.

Er bestand im Gegenteil auf dem rein wissenschaftlichen Charakter seiner Forschungen und machte mehrfach Anspielungen auf parallele Studien der Amerikaner. Erst vor kurzem habe ich hierzu ein Echo erhalten. Einer meiner Freunde, Georges Osorio, der 29 Jahre als Ingenieur im Atomzentrum Saclay gearbeitet hat, erzählte mir, dass ein Ingenieur des Environment Defense Fund (EDF) ihm einen Artikel überlassen hatte, den dieser direkt von Pater Ernetti erhielt. Nachdem er versucht hatte, in Kontakt mit dem Vater des Chronovisors zu treten, wunderte sich mein Freund, keine Antwort zu erhalten. Etwas später, in Rom, erhielt er eine Erklärung. Während des Mittagessen mit einem Attaché der Italienischen Handelskammer sagte dieser ihm, er solle im Moment keine Antwort erwarten, da Pater Ernetti sich mit dem Team einer amerikanischen Universität auf der Insel »Santa Lucia« befinde, um seine Forschungen gemeinsam mit ihnen fortzusetzen. Handelt es sich um Santa Lucia in der Karibik oder um Santa Luzia der Kapverdischen Inseln? Ich konnte es nicht herausfinden, aber nach wie vor wurde mir bestätigt, dass Pater Ernetti in Kontakt mit amerikanischen Wissenschaftlern stand.

Die Zeit wird zweifellos entscheidende Fortschritte bringen. Ob nun Pater Ernettis Gerät von einigen der Gelehrten, die zu seiner Entwicklung beigetragen haben, heimlich nachgebaut wurde, oder ob eine ähnliche Apparatur existiert, alles scheint darauf hinzuweisen, dass sich die Menschheit eines Tages, vielleicht schon bald, der Entdeckung ihrer Vergangenheit stellen muss. Angesichts ihres heutigen Zustandes wird der Schock schrecklich sein!

Quellenverzeichnis

1. Peter Krassa, Dein Schicksal ist vorherbestimmt, Pater Ernettis Zeitmaschine und das Geheimnis der Akasha-Chronik, Herbig, München, 1997
2. Heiliger Johannes, Kapitel 1, Vers 1
3. François Brune, Les Miracles et autres prodiges, Philippe Lebaud/Oxus, 2000
4. François Brune, Les morts nous parlent, 3. Auflage
5. Pater Ernetti: Storia del canto gregoriano, 3. Auflage 1990, oder auch Il canto gregoriano et Trattato generale di canto gregoriano, Fondazione Giogio Cini, Venedig
6. Ernetti Pellegrino, EDI-PAN, 1980, Rom, Seite 126-127
7. Anita Pensotti, Oggi illustrato, Nr. 45, vom 8. November 1986. François Brune, Pour que l'homme devienne Dieu, 2. Auflage, Dangles, 1992
9. In einem Brief an Don Luigi Borello, datiert von 1990, nannte Pater Ernetti ein anderes Datum: 1953. Aber es ist wahr, dass Pater Ernetti während meiner ersten Besuche schon Probleme mit den Daten hatte.
10. Siehe ökumenische Übersetzung der Bibel, die Einleitung des Evangelium des heiligen Johannes
11. Remy Chauvin und François Brune, A l'ecoute de l'au delà, Oxus, 2003, Seite 299-302
12. Lettres de Pierre, Teil I, Fernand Lanore, Seite 387-388 und 394-396
13. Studien von Jean Senelier, Le mystère du petit Trianon, Eine Vision der Raumzeit, Belisane, 1997
14. Louis Pauweis und Guy Breton, Nouvelles histoires extraordinaires, Albin Michel, 1982
15. C.G. Jung, Ma Vie, Gallimard, 1973, Seite 266-269
16. Siehe: Cyril Permutt, Beyond the Spektrum, 1983
17. François Brune, Les miracles et autres prodiges, Philippe Lebaud/Oxus, 2000, S. 108-118. Louis Pauweis und Guy Breton, Seite 141
18. Louis Pauweis und Guy Breton, Seite 141
19. Die Augustinerinen sind kontemplativ und fürsorglich. Sie verlassen ihr Kloster nie und pflegen die Kranken dort.
20. René Laurentin, Predictions de Soeur Yvonne-Aimée de Malesdroit, OEIL, 1987
21. Kenneth Ring, En route vers oméga, Robert Laffont, 1991, S. 227-228
22. Kenneth Ring, En route vers oméga, Robert Laffont, 1991, S. 265-266

23./24. Raymond Moody, Lumières nouvelles sur la vie après la vie, Robert Laffont, 1978, S. 46-48, 50-51

25. Kenneth Ring, En route vers oméga, Robert Laffont, 1991, S. 75-76
26. Jean Prieur, La mémoire des choses, Arista, 1989, S. 68
26. Albert Bessières, La bienheureuse Anna-Maria Taigi, Resiac, 1977, S. 54-55 und 164

27. Robet Monroe, Le Voyage hors du corps, Carancière, 1986; Fantastiques experience de voyage astral, Laffont, 1990; Charles Lancelin, Méthode de dedoublement personnel, F. Soriot, 1986; Jeanne Guesné, Le Grand passage, Le Courrier du Livre, 1978, etc.
28. François Brune, Les miracles et autres prodiges, Philippe Lebaud/Oxus, S. 106–107
29. Jean Prieur, La mémoire des choses, Arista, 1989, S. 56
30. Brenda J. Dunne und Robert G. Jahn, Aux frontières du paranormal, Edition du Rocher
31. Sven Ortoli und Jean-Pierre Pharabod, Le Cantique des quantiques, La Decouverte, 1984
32. Erwin Laszlo, Aux racines de l'univers, Fayard, 1982, S. 266
33. Michael Talbot, L`univers est un hologramme, Pocket, 1994, S. 329
34. Dr. Melvin Morse, La divine connexion, Le Jardin des Livres, 2002, S. 59–60
35. Ernst Senkowski, Instrumentale Transkommunikation, R.G. Fischer Verlag, 1995
36. Magaret cheney, Tesla: man out of time, Laurel, 1981
37. Olivier Costa Beauregard, Le corps subtil du reel éclaté, Aubin, 1995, S. 68–69
38. Hat nichts mit dem Politiker Helmut Kohl zu tun
39. Edoard Rhein, Il miracolo delle onde, Hoepli,l 1937
40. Kurt Lasswitz, Auf zwei Planeten, 2010 Hesper-Verlag
41. Georges de la Warr, New Worlds beyond the Atrom, Menston, 1973
42. J. Roucous, Survivante de l`Être humain, Roucous, Laguiole, 1959, S. 48–49
43. Dr. Albert Leprince, Les cerveaux cambriolés, Editions Jean Renard, 1943.
44. Baird T. Spalding, Das Leben der Meister, Drei Eichen Verlag 1961, Schirner, 2004.
45. Robert Charroux, Le Livre du passé mystérieux, Robert Laffont, 1973, S. 337
46./47. Il Giornale del Misteri, 1980, N° 114, S. 69 / 1982, N° 5, S. 41
48. Il Giornale del Misteri, 1985, N° 10, S. 40–41
49. Pellegrino Ernetti, La catechesi di Satana. Edizioni Segno, 1992
50. Don Gabriele Amorth, Un exorciste raconte, F.X. de Guilbert, 1992, S. 157–158
51. Oggi, N° 44 vom 29. Oktober 1986, S. 111–112, siehe auch Rainer Holbe und Elmar Gruber, Magie, Madonnen und Mirakel, Knaur 1987, S. 229–236
52. Anita Pensotti / Oggi, N° 44 vom 29.Oktober 1986, S. 111–112
53. Gitta Mallasz, Dialogues avec l'ange, Aubier/Montaigne, 1976
54. David Yallop, In God's name, an investigation into the murder of Pope John Paul I. Bandam Books
55. Erika, du weißt nicht, wie sehr ich dich liebe, Aufzeichnungen, Hans Urs von Balthasar, Johannes Verlag, 1988
56. Original (siehe Anhang)
57. Dannion Brinkley, Sauvé par les anges, Robert Laffont, 1995

Zeichnung aus der Zeitschrift »Astra« von Mary Falco
(Das auf der Tafel geschriebene heißt übersetzt »Geist/Stimme«)